질문자 : 아키 | aRchie 씨

\#
Generalist Architect
for {공간+컨텐츠+기술+문화}

\#
컨설팅 회사 '아키브레인 ARCHIEBRAIN' 대표
복합문화공간 '살롱드팩토리 Salon de FACTORY' 대표
인생도서관 프로젝트 대표

\#
컨설팅은 답을 주는 게 아니라 대신 궁금해하는 일이라고 생각합니다. 많은 사람들의 질문을 대신하며 생계를 유지합니다.
인생이 하나의 프로젝트가 아니라면 모든 것들이 의미 없음을 깨닫고 본격적으로 인생을 프로젝트화하기 위해 라이프미디어랩을 조직하여 '인생도서관 프로젝트'를 시작했습니다.
인생도서관에서는 다양한 도구와 수단으로 사람들의 인생 이야기를 기록하고 보관하면서 그들의 경험과 지식, 통찰을 연결하여 지구에서의 삶을 함께 이해하려 합니다. 이를 위한 다양한 도구, 온라인 플랫폼, 교육 프로그램을 만들고 제공합니다.

일찍 책장을 덮지 말라
삶의 다음 페이지에서
또 다른 멋진 나를 발견할 테니

시드니 셸던, 세계적인 베스트셀러 작가

인생질문

초판 1쇄 발행 2016년 5월 16일
초판 11쇄 발행 2025년 6월 27일

지은이 아키씨
펴낸이 유정연

이사 김귀분
기획편집 신성식 조현주 유리슬아 서옥수 황서연 정유진 **디자인** 안수진 기경란
마케팅 반지영 박중혁 하유정 **제작** 임정호 **경영지원** 박소영

펴낸곳 흐름출판(주) **출판등록** 제313-2003-199호(2003년 5월 28일)
주소 서울시 마포구 월드컵북로5길 48-9(서교동)
전화 (02)325-4944 **팩스** (02)325-4945 **이메일** book@hbooks.co.kr
홈페이지 http://www.hbooks.co.kr **블로그** blog.naver.com/nextwave7
출력·인쇄·제본 (주)상지사 **용지** 월드페이퍼(주) **후가공** (주)이지앤비(특허 제10-1081185호)

ISBN 978-89-6596-189-5 12190

- 이 책 내용의 전부 또는 일부를 사용하려면 반드시 저작권자와 흐름출판의 서면 동의를 받아야 합니다.
- 흐름출판은 독자 여러분의 투고를 기다리고 있습니다. 원고가 있으신 분은 book@hbooks.co.kr로 간단한 개요와 취지, 연락처 등을 보내주세요. 머뭇거리지 말고 문을 두드리세요.
- 파손된 책은 구입하신 서점에서 교환해 드리며 책값은 뒤표지에 있습니다.

my 는 흐름출판의 생활·예술·에세이 브랜드입니다. Make Your Life, MY!

6 TRACKS, 168 QUESTIONS

프롤로그

우리가 살아가는 사회는 '반드시 이렇게 해야 해'라는 원칙을 고수하는 사람과 '왜 그래야 하지?'라고 질문하는 사람들 사이의 긴장 관계를 통해 발전하는 것인지 모릅니다. 이런 충돌은 사회 시스템에서뿐만 아니라 한 개인의 삶 안에서도 발생합니다.

현대사회의 개인은 자본주의 경쟁체제에서 조금이라도 뒤처지지 않기 위해 끊임없이 무언가를 배우고, 성공한 멘토에게 통찰을 전수받고자 노력을 기울입니다. 그러나 누군가가 제시하는 방법과 해답이 내 삶에 매번 잘 적용되는 것만은 아니라서, 또다시 새로운 배움을 찾아 헤매게 됩니다. 다양한 외부 사례들이 도움이 될 때도 있지만, 나와는 다른 상황과 환경에서 얻은 통찰을 내 인생에 그대로 적용하기에는 분명히 어려운 점이 있습니다.

과연 내 삶을 잘 경영하는 좋은 방법을 다른 누군가로부터만 찾을 수 있는 걸까요? 어쩌면 내 삶의 경험 안에 이미 충분한 힌트와 해답이 있는 건 아닐까요?

저는 이 책을 통해 개인의 삶만큼 중요한 텍스트는 없음을 이야기해보려 합니다. 내 인생에서 일어난 사건의 구체적인 맥락Context을 살펴보면서 내 안의 생각과 감정을 있는 그대로 들여다보고 분석하다 보면 스스로 필요한 해답과 깨달음을 얻을 수 있을 것입니다.

만약 인생에 교재가 필요하다면 자신의 삶, 바로 그 자체입니다.

프로젝트 라이프

저는 컨설팅 일을 하고 있습니다. 누군가의 프로젝트를 빠르게 파악해서 필요한 해답을 내려주거나 대안을 제시하고, 때로는 새로운 콘셉트를 만들기도 합니다. 저는 이 일을 정답을 찾아주는 일이 아니라 대신 궁금해하는 일이라 정의합니다. 너무 바빠 질문을 할 여유가 없는 클라이언트를 대신해 질문을 하는 것이지요.

많은 사람들, 기업들의 이야기를 듣고 질문하던 중 문득 모두에게 공통적인 궁극의 프로젝트로서 인생을 생각해보게 되었습니다.

프로젝트 라이프 Project Life.

인생이라는 프로젝트가 없다면 다른 모든 프로젝트들은 의

미는커녕 존재 가치가 사라지는데도 현재를 살아가는 우리는 나와 내 인생에 대해 질문하는 시간보다 외부의 것들에 너무 많은 시간과 노력을 들이고 있다는 생각이 들었습니다.

"만약 인생이 하나의 프로젝트라면, 당신의 삶은 어떤 프로젝트인가요?"
이 질문이 이 책을 통해 여러분께 드리고 싶은 질문입니다.

살아가면서 우리는 매순간 현실적이면서도 실존적인 선택과 결정을 내립니다. 자신을 되돌아볼 충분한 여유도 없이 흘러넘치는 정보에 노출된 채 수많은 목표를 수행하며 시간을 보냅니다. 그런 상황으로부터 비롯된 구조적 스트레스에 대응하는 방법 중 하나가 인생질문을 통해 내 삶을 잘 정리하고 복잡도를 낮추는 일입니다.

나를 위한 시간과 에너지를 쓰는 것이 점점 어려워지는 환경에서 많은 정보와 생각, 감정이 뒤엉켜 있는 '나'를 정리하고 싶다면, 내 안에 축적된 정보와 에너지들을 밖으로 꺼내 관찰자

시점으로 공정하게 조망해보고, 나를 둘러싼 삶의 맥락을 잘 파악하여 열린 자세로 다양한 입장과 관계를 이해하는 시간이 필요합니다. 그렇게 함으로써 자신의 삶이 어떤 의미를 가지고 있는지, 삶을 통해 어떤 프로젝트를 수행하고 싶은지 스스로 결정할 수 있습니다.

인생질문

여러분은 어떤 질문을 가슴에 품고 살아가나요?

우리를 삶의 목적으로 안내하는 내비게이션은 추상적 개념이나 정의보다는 각자 가슴에 품고 살아가는 '질문'이 아닐까요?

저는 우리의 몸, 뇌, 세포 하나하나도 스스로 던진 인생질문에 대한 해답을 찾기 위해 모든 에너지를 사용하고 있음을 믿습니다.

이 책의 질문은 살면서 누구나 한번쯤 마주해보았을 법한 것들을 정리한 것입니다. 혹시 질문이 다소 낯설게 느껴진다면 그것은 많은 질문들이 나의 생각과 감정에 대한 즉각적인 답변만을 묻는 것이 아니라 나의 내면과 주변이 상호작용하는 과정 전반을 살펴보고 답해야 하기 때문일 것입니다. 이 책의 전제 질문들은 다음의 세 가지 물음으로부터 파생되었습니다.

- 나는 누구인가? 나는 관계 속에서 어떻게 존재하는가?

- 내가 진짜 원하는 것은 무엇인가?

- 나는 변화할 수 있는가? 어떻게 살 것인가?

이 책에서는 위의 세 가지 질문을 토대로 몇 단계로 나누어 전개하려 합니다.

첫 번째로, 삶을 구성하는 6트랙의 대상들과의 관계를 통해 나는 어떤 삶을 살아왔는지 정리해볼 것입니다. 이를 통해 내가 대상들을 대하는 마음과 태도가 결국 나를 드러내는 방식임을 이해할 수 있습니다.

두 번째로, 다양한 관점을 통해 내 삶을 좀 더 깊이 이해해봅니다. 외부 대상을 인식하는 관점을 넓히고 대상들과의 입장을 바꾸어보는 연습을 하며 삶을 인지하는 나의 시각을 점검해보는 과정입니다.

세 번째로, 과거 인생에서 일어났던 사건 안에서 나라는 존재가 어떤 변화를 경험해왔는지, 그리고 잘 변하지 않는 기질적 특성은 무엇인지 정리하며 나를 재정의하는 시간을 가져보겠습니다.

끝으로, 현재를 점검하는 질문을 통해 어떠한 삶의 변화를 원하는지, 어떻게 변화할 수 있는지 구체적으로 그려보고 미래의 내 삶의 시간을 정교하게 디자인할 것입니다.

인생질문 책이자 프로젝트 라이프를 위한 워크북이기도 한 이 책을 통해, 내가 누구이며 어떤 삶을 살아왔는지, 왜 그리고 어떻게 변화해야 하는지를 정의해봅니다. 또한 현재의 선택과 행동을 통해 어떻게 미래를 원하는 방향으로 이끌어갈지 여러분 스스로가 결정할 수 있기를 기대합니다.

당부의 말씀

인생질문 여행을 시작하는 분들께 당부드립니다.

첫째, 마음껏 솔직해지세요.

이 책은 여러분들이 마음껏 솔직해져도 되는 온전한 나만의 공간입니다.

남들의 시선이나 기준을 잠시 벗어나 열린 마음으로 있는 그대로의 여러분을 펼쳐보세요. 지우고 싶은 기억이나 감정, 생각들이 떠오른다면 우선적으로 꺼내어 적어보세요.

둘째, 판단은 천천히 해도 좋습니다.

질문에 답을 적다 보면 선입견, 특히 나로부터 비롯되지 않은 타인의 기준이나 목표를 발견하게 될 수도 있습니다. 습관처럼 자꾸 어딘가 정답이 있을 거라고 판단하고 결정을 내리고 싶은 마음이 들지도 모릅니다. 그러나 어떤 결정이라도 책의 마지막 페이지까지 잠시만 미뤄두시길 바랍니다.

셋째, 긍정의 기운으로 마음을 활짝 열어보세요.

질문을 통해 나를 정리하다 보면 '내가 이런 사람이구나' 하고 깨닫기도 하지만 '난 원래 이런 사람이야'라고 스스로를 고착시키기도 쉽습니다. '나는 이렇다'라는 고정관념에 빠지면 내 삶은 변화의 가능성과 유연성을 점차 잃게 됩니다. 그냥 '지금은 나를 이런 사람으로 파악할 수 있구나' 정도의 여유로운 마음으로 스스로와 세상에 대해 열린 자세로 답해보기를 바랍니다.

저는 여러분이 이 책을 통해 미로 같은 삶의 지도를 스스로 발견할 수 있기를 희망합니다.

지금 '나'라는 개념과 감정의 미로에서 헤매고 있다면 이 책의 질문들에 답해보면서 그것들로부터 잠시 한 발짝 떨어져보세요. 나를 가장 잘 알고 있는 사람은 다른 누구도 아닌 바로 나 자신입니다. 스스로를 조망하는 경험만으로도 내 삶의 전체 구조를 파악할 수 있게 되어 문제에서 쉽게 빠져나올 수 있는 힌트를 얻을 수도 있습니다.

아무쪼록 여러분을 향해 던지는 이 책의 질문들을 통해 여러분 각자가 인생에 숨겨진 의미와 목적을 발견하고, 자신의 삶 안에서 그것을 구현하며 살아가는 하나의 출발점이 되기를 간절히 바라봅니다.

나를 정리하는 6트랙

이 책에서는 내가 세상에 존재하며 관계 맺는 외부적 대상 및 환경인 (2)공간환경, 사고와 생각을 하는 바탕이 되는 (5)개념환경, 구체적 대상인 (4)물건과 컨텐츠, (3)사람들, 내가 무언가를 만들어내는 (6)일, 나의 몸과 이름 등 실체적·개념적으로 나라는 존재를 확인하게 만드는 (1)나의 정보, 이 6개의 맥락으로 분류했습니다. 온종일 직·간접적으로 접촉하며 영향받고, 느끼고, 생각하게 하는 모든 것들이 이 6트랙의 존재들입니다.

❶ **나의 정보** Me-info
❷ **공간환경** Space
❸ **사람들** People
❹ **물건과 컨텐츠** Lifestyle
❺ **개념환경** Issue & Keyword
❻ **일** Work

**6트랙
다이어그램**

내 인생은 나와 6가지 트랙의 대상과 관계 맺음에 대한 기록이다.
나를 중심으로 주변에 벌어지는 모든 사건은 결국 관계의 문제이다.

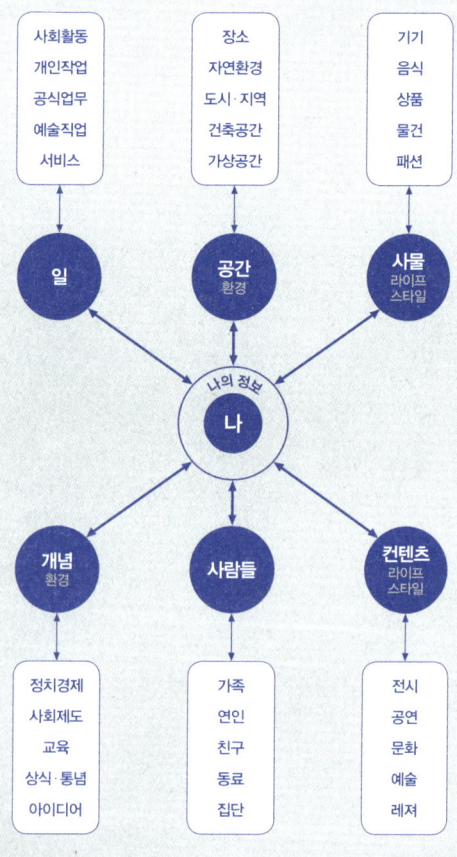

사람들은 6트랙으로 분류된 대상들과 끊임없이 관계를 맺으며 나로서 존재합니다. 관계를 맺는 방식을 통해 발현되는 태도와 행동은 우리가 사는 세상에 영향을 끼치고, 그것은 다시 '나'에게 되돌아오게 되는 것이죠. 우리는 이런 상호 연관적인 구조 속에서 서로 영향을 주고받으며 나라는 존재를 강화합니다.

6트랙 질문들을 통해 내가 어떻게 사고하고, 어떤 패턴으로 살아가는지 바라보게 되면 다양한 관계에 대한 나의 태도가 어떻게 형성되었으며 나의 욕구는 어떻게 표현되는지에 대한 패턴과 이유를 파악할 수 있습니다. 또한 비판적 사고를 멈춘 채 외부에서 주어지는 대로 시간을 보내고 있는 것은 아닌지 의심해 보는 기회를 가질 수도 있습니다.

CONTENTS

프롤로그 004

프로젝트 라이프 006

인생질문 009

당부의 말씀 012

나를 정리하는 6트랙 015

Part. 1   **나를 정리하는 인생질문** 020

Chapter. 1   나를 둘러싼 6트랙의 관계들 Around me   022

     나의 정보 : 나를 규정하는 것들   023

     공간환경 : 나는 어떤 공간에서 사는가   047

     사람들 : 나는 어떻게 관계 맺고 있는가   071

     물건과 컨텐츠 : 나의 욕구를 어떻게 소비하는가   095

     개념환경 : 나를 지배하는 개념들   119

     일 : 나는 무엇을 만들며 살아가는가   143

Chapter. 2   내 안의 생각과 감정들 Inside me   168

     사건과 기억   169

     감정   181

     생각과 판단   203

Part. 2	**다양한 관점으로 내 인생 이해하기** 224	
Chapter. 1	관점 넓히기 : 상황에 따라 다른 나의 모습들 226	
Chapter. 2	관점 바꾸기 : 상대의 관점에서 상황을 이해하기 240	
	나를 더 잘 이해하기 위한 인생조망법 258	
Part. 3	**나를 정의하다** 260	
Chapter. 1	나를 알기 위한 기본 전제 262	
Chapter. 2	나는 누구인가 274	
Part. 4	**어떻게 살 것인가** 280	
Chapter. 1	나는 어떤 사람이 되고 싶은가 282	
Chapter. 2	현재의 내 삶을 점검하다 294	
Chapter. 3	내 삶의 변화를 위한 전략 306	
Chapter. 4	액션플랜 구체화하기 320	
Chapter. 5	실행 가능성 점검 330	

에필로그 338

감사의 말 343

나를 정리하는 인생질문

삶은 '나'와 6트랙, 나의 정보, 공간, 사람, 사물과 컨텐츠, 개념, 일이라는 6가지 대상들의 관계 맺음에 대한 기록입니다. 다시 말해 '나'를 중심으로 주위에서 벌어지는 모든 사건들을 관계의 문제라고 볼 수 있습니다.

CHAPTER. 1
나를 둘러싼 6트랙의 관계들 Around me

6트랙 인생질문을 통해 있는 그대로의 나를 바라보며 태어나서 지금까지의 나의 정보를 답해보세요. 이 장은 나의 행동과 사고, 내 성격(이라고 믿는 것), 신념, 소비 패턴 등이 어디서부터 비롯된 것인지를 재발견하는 여행입니다.

01 나의 정보 Me-Info : 나를 규정하는 것들

첫 번째 트랙에서는 나를 규정하는 신체적·사회적 특성을 알아봅니다. 물리적으로 나를 규정하는 첫 번째 공간인 나의 몸, 사회적으로 규정된 역할인 나를 나타내는 이름과 상징들을 살펴봅니다. 지금부터 가벼운 마음으로 나라는 존재가 어떻게 규정되어왔는지 살펴보겠습니다.

Q 01

살면서 얻은 이름, 호칭, 별명, 직책이나 역할은 무엇인가요? 그 이름에 따르는 나의 성격과 특성들을 모두 적어보세요.

호칭·역할·별명	설명·특성	언제

Q 02 어떤 호칭이나 별명으로 불릴 때가 가장 좋은가요? 듣기 싫은 호칭과 그 이유는 무엇인가요?

─── 듣기 좋은 호칭 ───

─── 듣기 싫은 호칭 ───

Q 03   주변 사람들이 말하는 나는 어떤 사람인가요?

나

Q 04 내가 어떤 사람인지 가장 잘 이야기해줄 사람은 누구인가요? 그 이유는 무엇인가요?

누구	이유

Q 05
어렸을 때 상상했던 지금 나이의 내 모습과 지금의 나는 무엇이 다른가요?

── 상상 속의 나 ──

── 지금의 나 ──

Q 06

나를 나답게 만드는 것은 무엇인가요?
그 모습은 주로 언제 나타나나요?

Q 07

나와 타인을 구분 짓는 경계가 무엇이라 생각하나요?

Q 08   현재 내가 가진 것으로 나를 설명해보세요.

나

 태어난 순간부터 지금까지 내 몸과 관련된
사건이나 정보를 떠오르는 대로 적어보세요.

언제	사건·기억·정보

| PART. 1 | 나를 정리하는 인생질문 |

Q 10
주로 어떤 상황에서 피로감을 느끼나요?
피로는 어떻게 해소하나요?

Q 11 나의 예민한 부분과 무던한 부분을 자유롭게 적어보세요.

예민함	무던함

Q 12

신체로 인한 한계나 제약을 느꼈을 때가 있었다면 적어보세요.

Q 13 생명과 맞바꿀 수 있는 가치 있는 무언가가 있나요?

Q 14

나의 죽음에 대해 생각해본 적이 있나요?
내가 바라는 죽음을 구체적으로 적어보세요.

Q 15

다른 이들에게 어떤 사람으로 기억되고 싶나요? 나의 묘비명을 적어보세요.

Q 16 죽음 이후의 세계가 있다고 생각하나요?
그곳은 어떤 곳일까요?

Q 17 지금 나의 사회적 역할은 무엇인가요?
그 역할은 내게 어떤 의미인가요?

Q 18

감각을 통해 인지한 현실이 사실과 달랐던 경우가 있었나요? 기억나는 대로 적어보세요.

시각

청각

후각

촉각

미각

Q 19

오감으로 지각할 수 없는 다른 차원의 세계가 존재한다고 생각하나요?

Q 20

나에게 붙여진 이름, 별명, 사회적 역할, 내가 가진 것들을 제외하고 나를 소개해보세요.

SUMMARY

지금까지 〈나의 정보 : 나를 규정하는 것들〉을 정리해보았습니다. 느낀 점을 자유롭게 적거나 그려보세요.

02 공간환경 Space : 나는 어떤 공간에서 사는가

두 번째 트랙은 내가 존재하는 공간에 대해 이야기합니다. 우리는 언제나 공간 속에 위치하고 있습니다. 살아가는 환경은 물적환경으로서 행동양식에 영향을 주기도 하고, 살고 있는 곳이 사회적 위상을 규정짓기도 합니다. 지금부터 나는 어떤 공간에서 살고 있는지 살펴볼까요?

Q01

지금까지 이사를 몇 번 했나요?
거주했던 집을 모두 적어보세요.

언제	공간·장소	기억·사건·설명

| PART. 1 | 나를 정리하는 인생질문 |

Q 02
나에게 집은 어떤 의미인가요?
집에서는 주로 시간을 어떻게 보내나요?

Q 03 나만의 첫 공간은 어떤 모습이었나요?
특별히 바라는 나만의 공간이 있나요?

Q 04

지금 생활하고 있는 공간이 나를 잘 표현하고 있나요? 나를 잘 표현하는 공간은 어떤 모습인가요?

 내가 작업하는 공간에 대해 떠오르는 대로 적어보세요.

언제	공간·장소	기억·사건·설명

PART. 1 | 나를 정리하는 인생질문

Q 06 나의 작업 공간을 설명해보세요.
작업대 위에는 어떤 물건이 있나요?

Q 07

특별하고 소중한 공간이나 장소가 있나요? 왜 의미가 있나요? 그곳에서의 나는 어떤 사람이었나요?

언제	공간·장소	기억·사건·설명

| PART. 1 | 나를 정리하는 인생질문 |

Q 08   최근 가장 많은 시간을 보내는 장소는 어디인가요? 그 이유는 무엇인가요?

공간·장소	기억·사건·설명

Q 09

장소에 따라 나의 행동은 어떻게 변하나요?
공간별로 행동의 차이를 적어보세요.

장소 1

장소 2

장소 3

장소 4

Q 10

첫 번째 국내여행, 첫 번째 해외여행, 혼자 떠난 첫 번째 여행에 대한 기억을 적어보세요.

Q 11

나에게 여행은 어떤 의미인가요?
여행을 통해 발견한 나는 어떤 모습이었나요?

Q 12 죽기 전에 꼭 가보고 싶은 곳의 버킷리스트를 적어보세요.

언제	장소	이유

Q 13 온라인상의 나와 현실의 나는 어떤 점이 다른가요?

	온라인상의 나	현실의 나
이름 아이디		
성격		
역할		
말투		
마음상태		
보여지고 싶은 모습		
기타 특징		

Q 14

현실공간이 비현실적이거나 가상현실처럼 느껴진 적이 있나요? 그것은 어떤 경험이었나요? 생각나는 대로 적어보세요.

Q 15
도시와 시골 중 한곳에서 살아야 한다면?
그곳을 선택한 이유는 무엇인가요?

| PART. 1 | 나를 정리하는 인생질문 |

Q 16 내가 좋아하는 장소나 공간의 공통점은 무엇인가요?

Q 17
기억에서 지우고 싶은 공간이 있나요?
그 이유는 무엇인가요?

공간·장소	기억·사건·설명

Q 18

내가 인지하면서 살아가는 공간의 크기는 어디까지인가요? 자유롭게 적거나 그려보세요.

Q 19 우주라는 단어를 들으면 무엇이 떠오르나요?
자유롭게 적거나 그려보세요.

Q 20

지금 당장 여행을 갈 수 있다면 어디로 가고 싶은가요? 왜 그곳인가요?

SUMMARY

지금까지 〈공간환경 : 나는 어떤 공간에서 사는가〉를 정리해보았습니다. 느낀 점을 자유롭게 적거나 그려보세요.

나를 정리하는 인생질문

03 사람들 People : 나는 어떻게 관계 맺고 있는가

세 번째 트랙은 나를 둘러싼 인간관계에 대한 내용입니다. 사람은 태어나는 순간부터 반드시 누군가와 관계를 맺게 됩니다. 가족, 친구, 동료 등 나를 둘러싼 가깝고 먼 관계의 사람들과 영향을 주고받습니다. 관계망 속에서의 나는 어떤 모습으로 변하는지 살펴보세요.

Q 01

오래된 인연이나 소중한 사람들을 모두 떠올려보세요.

누구	언제	이유

Q 02 사람들과의 관계에서 겪는 어려움은 무엇인가요?

Q 03

소중한 관계의 기준은 무엇인가요? 소중하지는 않지만 지속하고 있는 관계가 있다면 그 이유는 무엇인가요?

PART. 1 | 나를 정리하는 인생질문

Q 04 내가 미워했거나 상처를 주었던 사람들이 있나요? 왜 미워했나요? 지금은 어떤가요?

누구	언제	이유

Q 05

불편하거나 소통이 잘 안 되는 사람이 있나요? 나 혹은 상대의 어떤 점 때문일까요?

누구	이유

Q 06

누군가를 용서한 경험이 있나요? 왜, 어떤 방식으로 용서했나요? 절대 용서할 수 없는 사람이 있다면 왜 그런가요?

Q 07

용서받고 싶은 사람이 있나요? 그 이유는 무엇인가요? 용서받기 위해서는 어떻게 해야 할까요?

Q 08

속마음을 털어놓을 수 있는 사람이 있나요?
속마음을 털어놓고 후회한 적은 없나요?

Q 09

소울메이트를 만났다고 생각하나요? 그 이후 어떤 변화가 생겼나요? 아직 만나지 못했다면 만나서 어떤 변화가 생기길 바라나요?

Q 10

사랑하는 사람과 함께 있을 때 나는 어떻게 행동하나요? 그리고 내가 어떤 사람으로 느껴지나요?

Q 11
최근 가장 많은 시간을 함께하고 있는 5명을 적어보세요. 왜 함께하고 있나요?

누구	이유

Q 12 최근 누군가에게 사랑한다고 고백한 적이 있나요?

Q 13

중요한 인간관계를 잃어본 적이 있나요?
그 경험을 통해 무엇을 깨달았나요?

PART. 1 | 나를 정리하는 인생질문

Q 14. 혼자 있고 싶을 때는 언제인가요?
그럴 때는 어떻게 하나요?

Q 15
내 삶에 큰 영향을 준 사람들이 있나요?
그들은 내 삶에 어떤 변화를 가져다주었나요?

누구	언제	이유

Q 16

나를 위해서 누군가를 바꾸거나 누군가를 위해 나를 바꾸려 한 적이 있나요?

Q 17

다른 사람의 어떤 행동을 지적하거나 비난했는데 나 역시 같은 행동을 하고 있는 것을 알게 된 경험이 있나요?

Q 18 내가 맺어온 인간관계에 어떤 규칙이나 반복되는 패턴이 있나요?

Q 19

사람은 변한다고 생각하나요? 아니면 변하지 않는다고 생각하나요? 나는 어떤가요?

| PART. 1 | 나를 정리하는 인생질문 | 091 |

Q 20 나를 중심으로 인간관계를 그려보세요.

나

SUMMARY

지금까지 〈사람들 : 나는 어떻게 관계 맺고 있는가〉를 정리해보았습니다. 느낀 점을 자유롭게 적거나 그려보세요.

| PART. 1 | 나를 정리하는 인생질문 |

04 물건과 컨텐츠 Lifestyle :
나의 욕구를 어떻게 소비하는가

우리는 늘 무언가를 욕망합니다. 내가 향유하는 것들과 내가 소유하고 싶은 것을 보이는 물건과 보이지 않는 컨텐츠로 나누었습니다. 나를 둘러싼 많은 사물과 컨텐츠를 어떤 태도로 소비하며 나만의 라이프스타일을 형성하고 있는지 알아볼까요?

Q 01
오늘 하루 내가 접촉한 물건을 모두 적어보세요. 그 물건은 내게 어떤 의미인가요?

사물·물건·상품	언제	기억·사건·생각

Q 02

소유하거나 가지고 다니는 물건 중 잘 사용하지 않는 것이 있나요? 왜 버리지 못하나요?

Q 03

소유하고 있는 것만으로 만족감을 주는 물건은 무엇인가요?

PART. 1	나를 정리하는 인생질문

Q 04 특정 시기의 나를 대표하거나 소중하게 여긴 물건은 무엇인가요?

사물·물건·상품	언제	기억·사건·생각

Q 05

내가 번 돈으로 산 첫 번째 물건은 무엇인가요? 그 물건에 대한 추억을 적어보세요.

사물·물건·상품	언제	기억·사건·생각

| PART. 1 | 나를 정리하는 인생질문 | 101 |

Q 06 주로 어디에 많은 소비를 하나요?

유형	기억
나의 정보 Me-info	
공간환경 Space	
사람들 People	
물건과 컨텐츠 Lifestyle	
개념환경 Issue & Keyword	
일 Work	

Q 07
쇼핑하고 싶은 욕구가 강해질 때가 있나요?
언제, 어떤 상황인가요?

Q 08   소비할 때 어떤 기준으로 결정하나요?

Q 09

갖고 싶었지만 갖지 못했던 물건을 기억나는 대로 적어보세요.

사물·물건·상품	언제	기억·사건·생각

| PART. 1 | 나를 정리하는 인생질문 | 105 |

Q 10 내 인생의 영화를 적어보세요.

영화	기억·사건·생각

Q 11 내 인생의 음악을 적어보세요.

음악	기억·사건·생각

Q 12 내 인생의 책을 적어보세요.

책	기억·사건·생각

Q 13 의미 있었던 공연이나 전시를 적어보세요.

공연·전시	기억·사건·생각

Q 14. 내 인생의 음식과 그 음식에 얽힌 에피소드를 적어보세요.

음식	기억·사건·생각

Q 15
기쁨을 느끼는 대상이나 취미가 있나요?
언제, 어떻게 시작했나요?

Q 16

어떤 음식을 좋아하나요?
메뉴를 선택하는 기준은 무엇인가요?

Q 17
나를 잘 표현할 수 있는 나만의 패션스타일은 무엇인가요?

Q 18

어떤 물건이나 컨텐츠, 행위에 중독된 적이 있나요? 중독에서 어떻게 벗어났나요?

Q 19

라이프스타일 정보는 어디에서 얻나요? 나의 라이프스타일에 영향을 주는 요인들은 무엇인가요?

Q 20
현재 나는 어떤 라이프스타일로 살고 있나요? 자유롭게 적어보세요.

SUMMARY

지금까지 〈물건과 컨텐츠 : 나는 욕구를 어떻게 소비하는가〉를 정리해보았습니다. 느낀 점을 자유롭게 적거나 그려보세요.

| PART. 1 | 나를 정리하는 인생질문 |

05 개념환경 Issue&Keyword : 나를 지배하는 개념들

같은 공간환경에 있더라도 전혀 다른 관념을 교육받으며 성장하면 사고방식, 신념, 행동양식 등이 달라집니다. 내가 중요하게 여기는 이슈들, 개념, 언어습관 등이 사회제도, 교육시스템, 신앙체계 등의 개념환경으로부터 어떠한 영향을 받아 자리 잡았는지 꼼꼼히 살펴보세요.

Q 01   내 인생의 이슈나 관심 키워드의 변화를 떠올려보세요. 그때는 왜 그것이 중요했나요?

언제	이슈·관심사	설명

Q 02

처음 만나는 사람에게 주로 어떤 질문을 하나요? 첫 대화를 어떻게 시작하나요?

Q 03 즐겨하는 대화 주제는 무엇인가요? 대화 상대에 따라 적어보세요.

가족

친구

연인

동료

기타 관계

PART. 1	나를 정리하는 인생질문

Q 04

대화할 때 주로 사용하는 단어들을 적어보세요. 상대의 말 중 거부감이 드는 단어나 문장이 있나요?

Q 05
사람들이 나에게 가장 궁금해하고, 자주 묻는 질문은 무엇인가요?

Q 06   대화를 피하고 싶은 특정 주제가 있나요? 그 이유는 무엇인가요?

Q 07
누군가 내게 해준 조언이나 질문 중 기억에 남는 것은 무엇인가요?

Q 08 좋은 생각이나 영감, 아이디어는 언제, 어떤 상황에서 떠오르나요?

Q 09

책이나 다른 사람들로부터 영향받지 않고 스스로 만들어낸 생각이나 개념이 있나요?

Q 10

절대 동의할 수 없는 생각이나 개념이 있나요? 이해는 하지만 동의할 수 없는 것은 무엇인가요?

Q 11

지구에서 영원히 사라지게 하고 싶은 것이 있나요? 그 이유는 무엇인가요?

| PART. 1 | 나를 정리하는 인생질문 |

Q 12
사회적 인식이나 통념에 영향받는 편인가요?
평소에 그것을 의식하나요?

Q 13

타인의 상식과 나의 상식이 충돌할 때 어떻게 대처하나요?

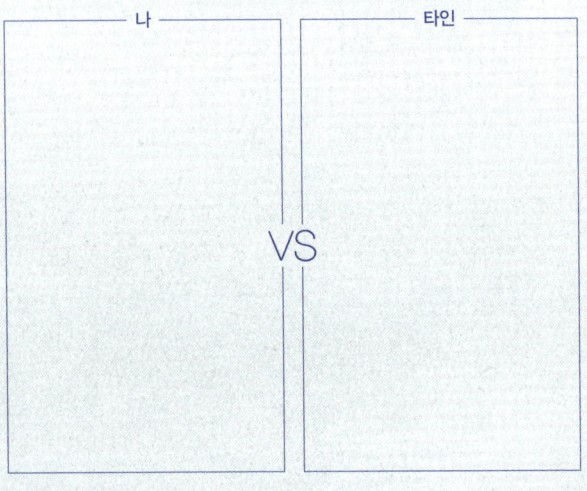

대처방법

PART. 1	나를 정리하는 인생질문

Q 14

나는 어떤 신념이나 확신을 가지고 있나요?
그것들은 어떻게 형성되었나요?

Q 15

내가 가진 믿음을 적어보세요. 그 믿음은 내 삶에 어떤 영향을 미쳤나요? 어려움을 겪었던 적은 없나요?

믿음·신앙·판단 체계	설명

Q 16. 내가 속한 사회 시스템의 장점과 단점을 자유롭게 적어보세요.

--- 장점 ---

--- 단점 ---

Q 17

배움이란 내게 어떤 의미인가요? 교육받은 지식들로 인해 불편함을 느낀 적은 없나요?

PART. 1 　|　 나를 정리하는 인생질문

Q 18　내가 속한 사회가 내게 강요하는 가치관이 있다고 생각하나요? 그럴 땐 어떻게 하나요?

Q 19 오늘 내가 사용한 'Yes or No' 횟수를 세어 보세요. 긍정 단어와 부정 단어 중 어느 쪽을 더 많이 사용했나요? 그 이유는 무엇인가요?

Q 20

그동안 배워온 지식이나 개념들이 사라진다면 내 삶은 어떻게 변할까요?

SUMMARY

지금까지 〈개념환경 : 나를 지배하는 개념들〉을 정리해보았습니다. 느낀 점을 자유롭게 적거나 그려보세요.

| PART. 1 | 나를 정리하는 인생질문 |

PART. 1	나를 정리하는 인생질문

Q 02 오늘 무슨 일로 바빴나요?
그 일은 내 삶에서 중요한 것인가요?

일	이유·의미

Q 03
현재의 직업을 선택한 순간을 떠올려보세요.
직업 선택에 영향을 준 요인은 무엇인가요?

Q 04

현재 내 직업은 내가 잘하는 일인가요, 좋아하는 일인가요?

Q 05

현재 일을 통해 충분한 보상을 받고 있다고 생각하나요? 그렇지 않다면 어떤 보상을 받고 싶은가요?

| PART. 1 | 나를 정리하는 인생질문 |

Q 06
일할 때 주로 어떤 감정을 느끼나요?
그런 감정은 무엇 때문에 일어나나요?

Q 07 일할 때 나를 힘들게 하는 것은 무엇인가요?

Q 08 현재의 직업에 만족하는 점과 아쉬운 점을 자유롭게 적어보세요.

―― 만족하는 점 ――

―― 아쉬운 점 ――

Q 09

직업이란 무엇인가요?
나만의 정의를 내려보세요.

| PART. 1 | 나를 정리하는 인생질문 | 153 |

Q 10   일과 삶의 균형에 대해서 어떤 견해를 갖고 있나요?

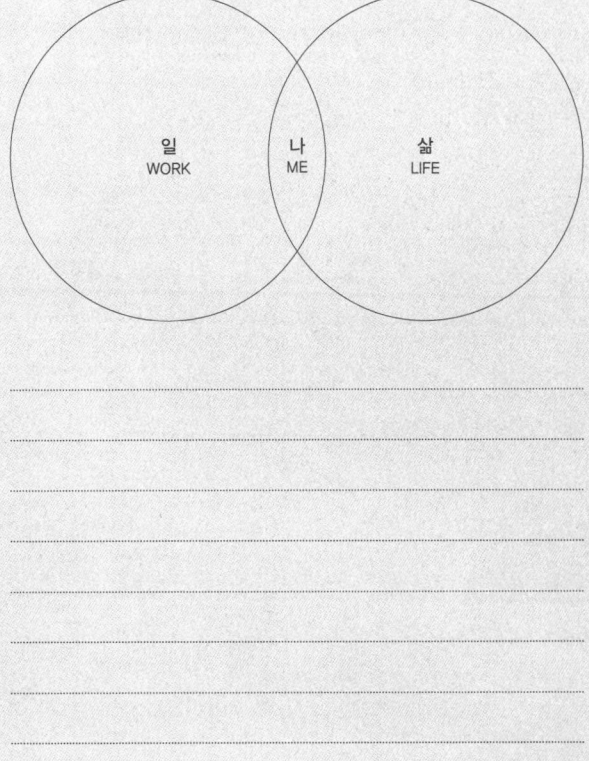

Q 11
열심히 일했지만 결과와 상관없이 허무함을 느낀 적이 있나요? 왜 그렇게 느꼈나요?

Q 12. 무엇을 위해 일하나요? 나의 존재나 세상을 위해 꼭 이루고 싶은 일이 있나요?

나의 존재

세상

Q 13

나는 어떤 재능을 갖고 있나요?
그 재능을 어떻게 사용하고 있나요?

Q 14

소질이나 재능과 상관없이 잘하고 싶은 일이 있나요? 나를 잘 표현할 수 있는 일은 무엇인가요?

내가 잘하고 싶은 일

나를 잘 표현하는 일

Q 15

내가 꿈꾸는 일터는? 내 마음대로 할 수 있다면 어떻게 운영하고 싶은가요?

| PART. 1 | 나를 정리하는 인생질문 |

Q 16 내가 생각하는 은퇴란?
은퇴 후에는 어떤 삶을 꿈꾸나요?

Q 17 온전히 나를 위해 하는 활동이 있다면 자유롭게 적어보세요.

Q 18 꼭 하고 싶었는데 하지 못한 일이 있었나요? 그 이유는 무엇인가요?

Q 19

지금 당장 내 인생에서 가장 중요한 일을 시작할 수 있다면 무엇을 하고 싶은가요?

Q 20

오늘이 인생의 마지막 날이라면 지금 하는 그 일을 하고 싶나요? 1년이 남았다면 어떨까요?

— 마지막 날이라면 —

— 1년이 남았다면 —

SUMMARY

지금까지 〈일 : 나는 무엇을 만들며 살아가는가〉를 정리해보았습니다. 느낀 점을 자유롭게 적거나 그려보세요.

AROUND ME SUMMARY
지금까지 나를 둘러싸고 있는 6트랙에 대한 질문을 해봤습니다. 각 트랙에 대한 나의 마음을 정리해보세요.

Me-info
나를 규정하는 것들을 대하는 나의 마음과 태도

Space
공간을 대하는 나의 마음과 태도

People
사람을 대하는 나의 마음과 태도

PART. 1 | 나를 정리하는 인생질문 | 167

Lifestyle
물건과 컨텐츠를 대하는 나의 마음과 태도

Issue & Keyword
개념환경을 대하는 나의 마음과 태도

Work
일을 대하는 나의 마음과 태도

○ CHAPTER. 2

내 안의 생각과 감정들 Inside me

이 장에서는 6트랙으로 분류된 대상들과 끊임없이 관계를 맺으며 내 안에서 발생하는 생각과 감정, 축적되는 인생사건의 기억을 살펴보겠습니다.

01 사건과 기억

어쩌면 우리 인생이 시작되는 것은 '나'를 '나'로 인지하고 기억하는 그 순간부터가 아닐까요? 내 안에는 너무나 많은 과거의 사건이 기억이라는 카테고리에 쌓여 있습니다. 그 많은 기억들 중에서 우리는 특정한 기억을 반복적으로 꺼내며 지내는 것 같습니다. 나에게 중요한 사건들은 무엇이고, 왜 중요하다고 판단했을까요? 지금부터 내 안의 기억여행을 시작합니다.

Q 01 내 인생 최초의 기억은 무엇인가요?

| PART. 1 | 나를 정리하는 인생질문 | 171 |

Q 02 최근에 겪었던 첫 경험을 트랙별로 써보세요.

유형	경험
나의 정보 Me-info	
공간환경 Space	
사람들 People	
물건과 컨텐츠 Lifestyle	
개념환경 Issue & Keyword	
일 Work	

Q 03 지금의 나를 만든 주요한 사건이나 상황은 무엇인가요?

언제	사건·상황

| PART. 1 | 나를 정리하는 인생질문 | 173 |

Q 04 살면서 느낀 아름다움에 대한 기억들을 떠오르는 대로 써보세요.

유형	기억
나의 정보 Me-info	
공간환경 Space	
사람들 People	
물건과 컨텐츠 Lifestyle	
개념환경 Issue & Keyword	
일 Work	

Q 05   살면서 저지른 큰 실수는 무엇인가요?

Q 06

과거로 시간여행을 할 수 있다면 돌아가고 싶은 순간이 있나요? 그 경험으로 내 삶이 어떻게 바뀌길 바라나요?

Q 07 내가 했던 가장 큰 모험이나 도전은 무엇이었나요?

PART. 1	나를 정리하는 인생질문

Q 08 누구에게도 털어놓기 힘든 기억이 있나요?

Q 09

나의 기억 중 단 하나만 간직할 수 있다면 무엇을 남겨놓고 싶나요?

Q 10

내 인생에서 가장 중요한 10가지 사건을 써보세요.

언제	사건·상황

02 감정

감정이란 참 오묘합니다. 어느 때는 스스로 감정을 만들어내는 것 같기도 하다가 또 어느 때는 감정의 꼭두각시가 된 것 같기도 합니다. 내 감정을 내가 모를까 싶다가도 대체 왜 특정한 감정을 느끼게 되는지 도통 알 수가 없을 때도 많습니다. 지금부터 표면적으로 드러나는 감정부터 나만 알 수 있는 깊은 감정까지 다양한 감정들과 나의 관계를 살펴봅니다. 내 안의 감정을 중심으로 그때의 상황과 나의 반응을 동시에 들여다보면서 감정 반응체로서의 나를 이해해보세요.

Q01

살면서 해소되지 못한 해묵은 감정들을 떠오르는 대로 써보세요.

PART. 1	나를 정리하는 인생질문

Q 02   매일 밤 잠들기 전 마음속에 맴도는 말이 있나요?

Q 03

나는 언제 슬픔을 느끼나요?
눈물을 얼마나 자주 흘리는 편인가요?

Q 04

감정을 솔직하게 드러내는 편인가요?
감정을 숨겨야 했던 순간은 언제, 왜인가요?

Q 05 주로 어떤 상황에서 찜찜함을 느끼나요?

Q 06
부러운 마음이 드는 상대나 상황이 있나요?
왜인가요?

Q 07 최근 크게 감동을 받은 적이 있나요?

Q 08

성인이 되어 자신이 유치하게 느껴진 순간이 있나요? 그 마음을 어떻게 정리했나요?

Q 09
내 마음속에 있는 가장 순수한 바람은 무엇인가요?

Q 10
무언가를 바라는 마음이 나만의 욕심인지, 모두에게 좋은 것인지 어떻게 알 수 있나요?

Q 11

내가 살아 있음을 느낄 때는 언제인가요?
현재는 무엇에 가장 열정적인가요?

Q 12

살아오면서 포기한 것들을 써보세요.
왜 포기했나요?

Q 13

참지 못하는 것이 있나요?
그런 상황이나 대상을 써보세요.

Q 14

고마운 마음이 들 때는 언제인가요?
그 마음을 어떻게 표현하나요?

Q 15

이유를 알 수 없는 공허함이나 우울함을 느껴본 적이 있나요? 그때의 상황을 써보세요.

Q 16

감정적 고통이나 스트레스의 원인은 주로 무엇인가요? 어떻게 해소하나요?

Q 17

방어적이 되는 상황이 있나요?
언제인가요?

Q 18
과거에 내가 집착했던 것은 무엇인가요?
지금도 집착하나요?

Q 19 언제 행복하다고 느끼나요?
나를 행복하게 하는 것들을 모두 써보세요.

Q 20
자신을 사랑하나요?
자신에 대한 사랑은 어떻게 표현하나요?

03 생각과 판단

어떤 사건이 발생하면 우리는 특정한 견해를 가지고 판단하거나 생각을 통해 질문합니다. 알고 생각하고 판단하는 일련의 행위들은 나를 지혜롭게 하고 내 삶을 풍요롭게 만들기도 하지만 때로 우리는 선입견으로 잘못된 이해와 오판을 하기도 합니다. 생각과 판단은 어디서부터 비롯되어 내 삶에서 어떻게 작용하고 있는 걸까요? 지금부터는 판단을 잠시 멈추고 내 모습을 있는 그대로 적어보세요.

Q01

무언가 잘못되어 가는 것을 느낄 때, 그것이 옳은 방향인지 아닌지 어떤 기준으로 판단하나요?

Q 02 어떤 잘못도 하지 않았는데 안 좋은 일이 생긴 적이 있었나요? 지금 생각해봐도 나에게는 정말 잘못이 없었나요?

Q 03

분명 그러하다고 믿거나 판단했던 일이 사실과 크게 달랐던 적이 있나요?

Q 04

과거에는 큰 고민거리였으나 지금 돌아보니 별것 아니라 생각되는 것이 있나요? 그것은 무엇인가요?

Q 05

반복되는 고민이 있나요? 그 고민은 무엇인가요? 최근의 고민은 무엇인가요?

Q 06

자신의 행동 중 스스로 생각해도 모순이라고 생각되는 것이 있나요? 그것은 무엇인가요?

Q 07

내가 가진 편견은 무엇인가요?
어떤 계기로 그런 편견이 생겼나요?

Q 08

살면서 지금껏 변하지 않은 생각은 무엇인가요? 앞으로도 그럴 것 같나요?

Q 09 어려운 선택을 해야 하는 경우에 적용하는 나만의 우선순위가 있나요?

| PART. 1 | 나를 정리하는 인생질문 | 213 |

Q 10 살면서 차츰 변해온 나만의 생각이나 신념이 있나요?

Q 11

운명이 결정되어 있다고 믿나요?
그 이유는 무엇인가요?

Q 12

사람마다 주어진 사명이 있다고 생각하나요? 나에게 그것은 무엇인가요? 그리고 그 사명은 어떻게 결정되는 걸까요?

Q 13

10년 전에 비해 무엇이 변했다고 생각하나요? 자유롭게 적어보세요.

---- 10년 전의 나 ----

---- 현재의 나 ----

PART. 1 나를 정리하는 인생질문

Q 14
지금보다 나은 나는 어떤 모습일까요? 그런 사람이 되고 싶은가요? 어떻게 하면 그렇게 될 수 있을까요?

Q 15

내면적으로 성장했다고 느꼈을 때는 언제인가요? 무엇이 그것을 가능하게 했나요?

| PART. 1 | 나를 정리하는 인생질문 |

Q 16
내가 존재한다는 것을 어떻게 확신할 수 있나요? 나는 어디에 존재하나요?

Q 17
살면서 깨닫게 된 나만의 철학이나 삶의 교훈, 인생의 지혜는 무엇인가요?

Q 18. 내 안의 생각이나 감정은 주로 인생의 어느 시기에 머물러 있나요? 어떤 것들인가요?

과거

현재

미래

INSIDE ME SUMMARY

지금까지 내 안에서 일어나는 생각과 감정들을 정리해보았습니다. 느낀 점을 자유롭게 적거나 그려보세요.

| PART. 1 | 나를 정리하는 인생질문 | 223 |

다양한 관점으로 내 인생 이해하기

6트랙 다이어그램을 통해 인생사건이나 나 이외의 대상들을 좀 더 깊이 이해해봅니다. 6트랙 다이어그램은 6트랙 존재들과 나의 관계를 통해, 내가 신체를 통해 무엇을 느끼고 어떤 생각을 하고 어떤 감정을 느끼는지 한눈에 살펴보기 쉽도록 만든 도표입니다. 그러한 관계맥락과 나의 반응은 '나'라는 역할로 발현되고 내 안에서 특정한 캐릭터로 형상화되기도 합니다. 2부에서는 다양한 상황에 따른 나의 반응 유형들을 파악해봅니다. 상황과 대상에 대한 이해의 폭을 넓히기 위한 방법으로 6트랙 다이어그램을 이용한 관점 넓히기, 관점 바꾸기 등의 방법도 소개합니다.

O CHAPTER. 1

관점 넓히기 :
상황에 따라 다른 나의 모습들

어떤 사건이 발생할 때 우리는 대부분 '나'를 중심으로 사건의 특정 측면만을 보면서 맥락을 해석합니다. 그러나 대부분의 사건은 내가 미처 보지 못한 다양한 조건과 원인들의 연결로부터 발생하는 경우가 많습니다. 맥락 전체로 시선을 확장하는 것은 그동안 보지 못했던 나에게 영향을 준 원인들을 발견하는 데 도움이 될 수 있습니다. 그러면서 변화하는 상황에 따라 다르게 표현되는 나의 모습들도 만나보세요.

SAMPLE 가장 자신만만했던 시절의 내 모습과 상황을 가급적 상세히 채워보세요.

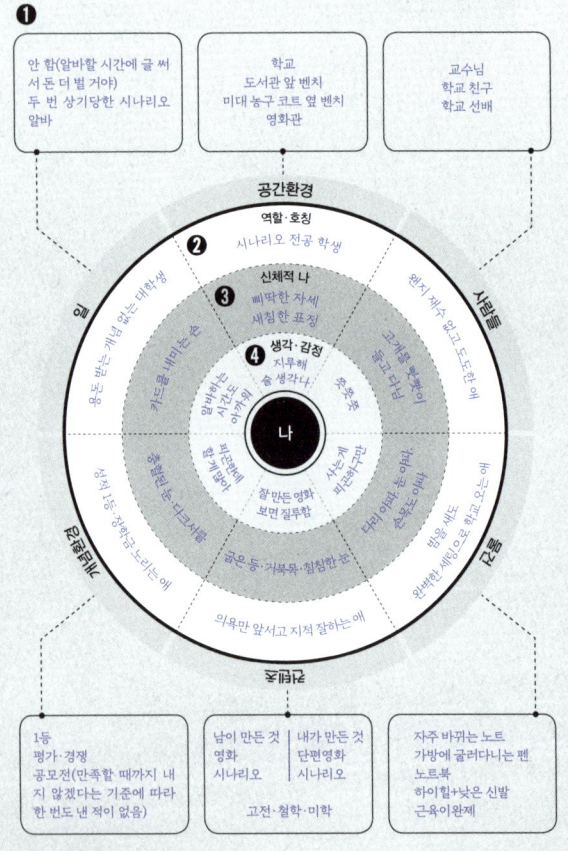

| PART. 2 | 다양한 관점으로 내 인생 이해하기 |

작성법 가이드
주어진 질문에 따라 나의 기억을 떠올려보세요.
각 빈 칸에 구체적인 사실이나 대상을 적어보세요.

AROUND ME 6트랙
❶ 공간환경 Space : 어떤 곳이었나요?
   사람들 People : 누구와 관계가 있나요?
   물건 Lifestyle 01 : 어떤 물건과 관계가 있나요?
   컨텐츠 Lifestyle 02 : 어떤 컨텐츠가 생각나나요?
   개념환경 Issue&Keyword : 어떤 이슈나 키워드와 관계가 있나요?
   일 Work : 어떤 일이나 작업과 관계가 있나요?

❷ 나의 정보 ME-info 01 : 나의 사회적 역할이나 호칭을 적어보세요.
❸ 나의 정보 ME-info 02 : 나의 신체적인 상태나 감각을 통해 인지한
                         사실을 적어보세요.

INSIDE ME 생각과 감정
❹ 그 상황에서 내 안에 일어난 생각이나 감정을 적어보세요.

* 작성 순서는 중요하지 않습니다. 머릿속에 떠오르는 대로 적어보세요.
  떠오르지 않는 것은 비워두었다 다시 써보세요.
  내가 미처 인지하지 못했던 사실들을 발견하는 시간을 가져보세요.

Q01

현재 나를 대표하는 호칭, 역할, 직책을 쓰고 그 이름과 관련된 모든 트랙을 채워보세요.

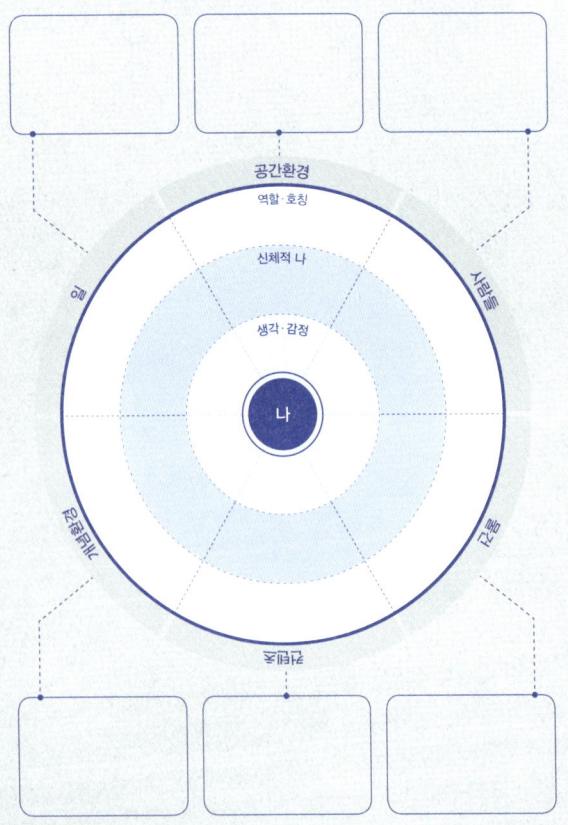

| PART. 2 | 다양한 관점으로 내 인생 이해하기 | 231 |

Q 02
가장 자신만만했던 시절의 내 모습과 상황을 가급적 상세히 채워보세요.

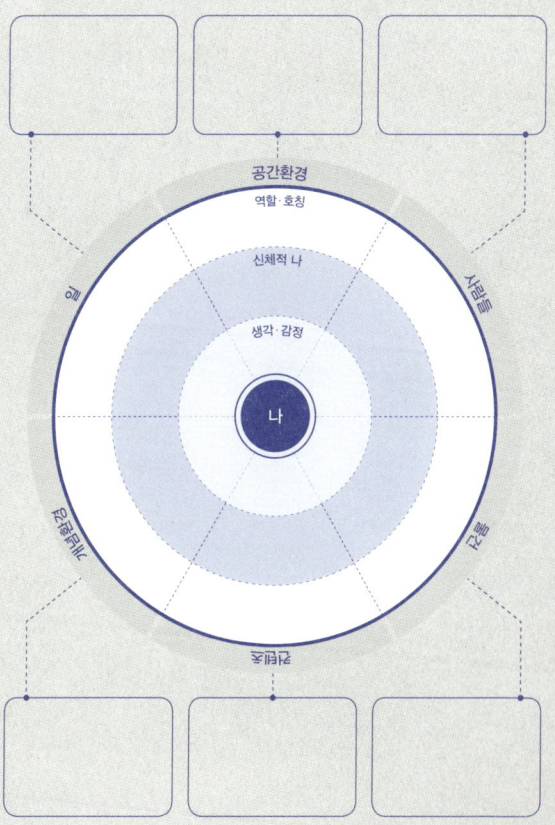

Q 03 가장 좌절했을 때의 내 모습과 상황을 가급적 상세히 채워보세요.

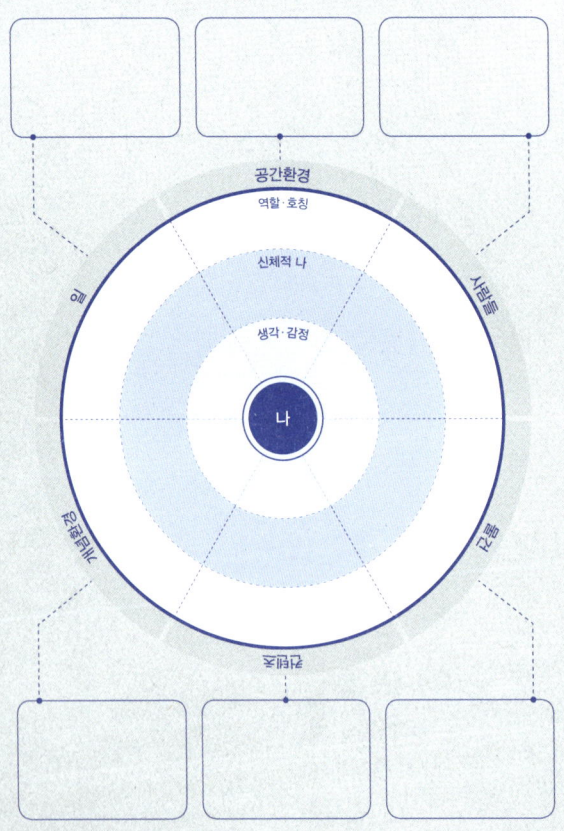

| PART. 2 | 다양한 관점으로 내 인생 이해하기 | 233 |

Q 04
직장이나 학교에서의 내 모습을 가급적 상세히 채워보세요.

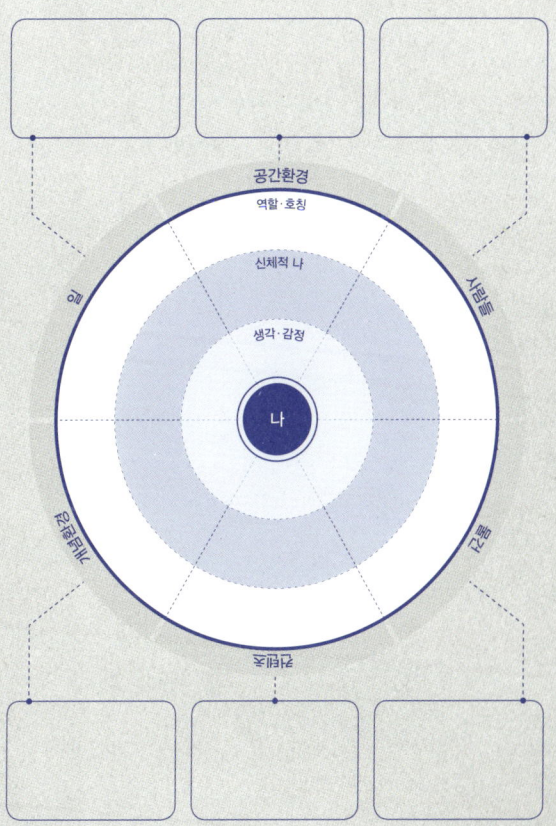

Q 05 친구나 가족과 함께 있을 때의 내 모습을 가급적 상세히 채워보세요.

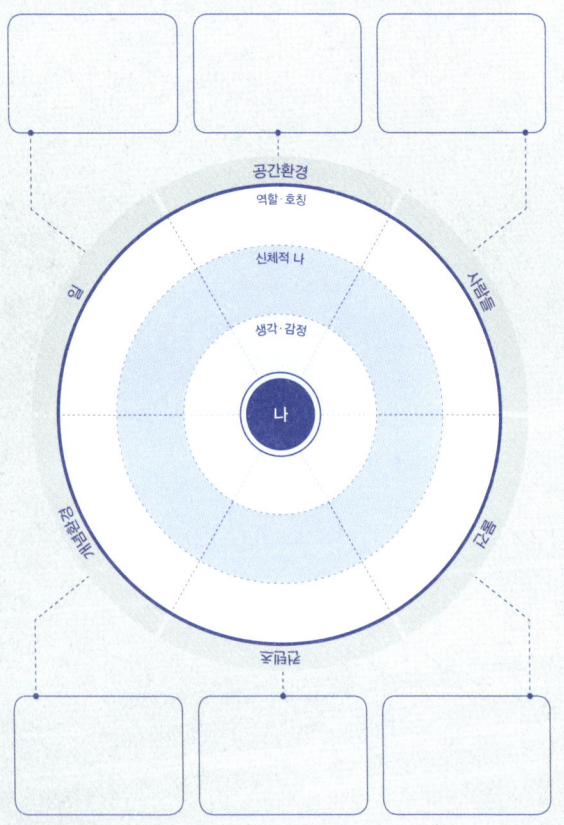

PART. 2 　 다양한 관점으로 내 인생 이해하기 　 235

Q 06 누군가를 가장 사랑했던 시기의 내 모습과 상황을 가급적 상세히 채워보세요.

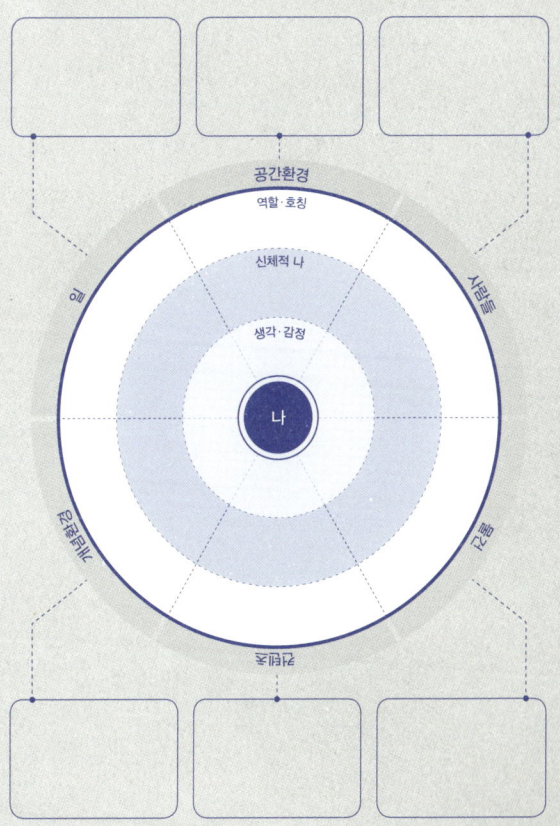

Q 07 가장 슬펐던 이별의 순간을 가급적 상세히 채워보세요.

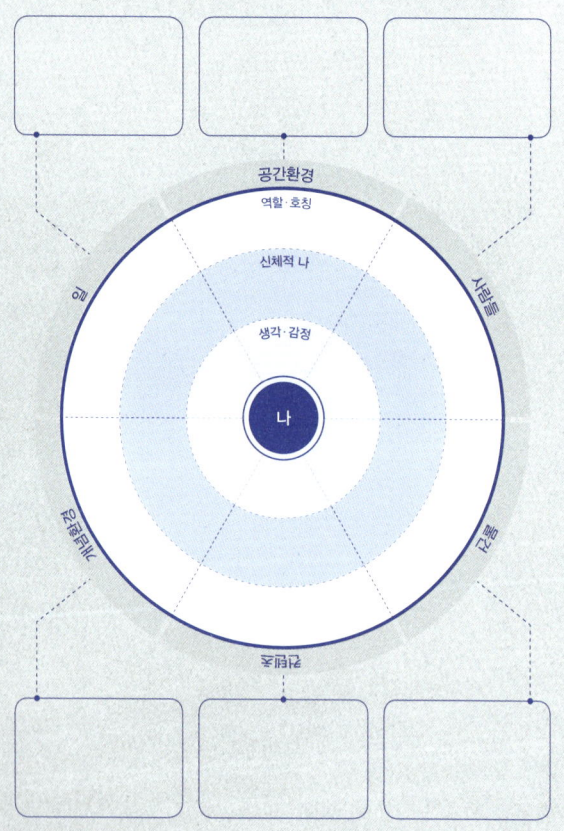

PART. 2 | 다양한 관점으로 내 인생 이해하기 | 237

Q 08 스스로 가장 나답다고 느껴지는 상황을 상세히 써보세요.

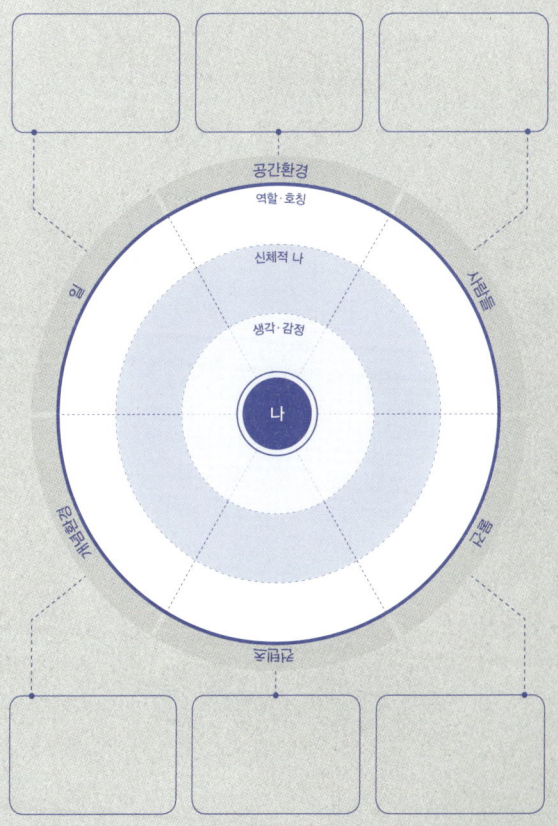

Q 09 스스로 가장 나답지 않다고 여겨질 만한 상황을 상상해보세요.

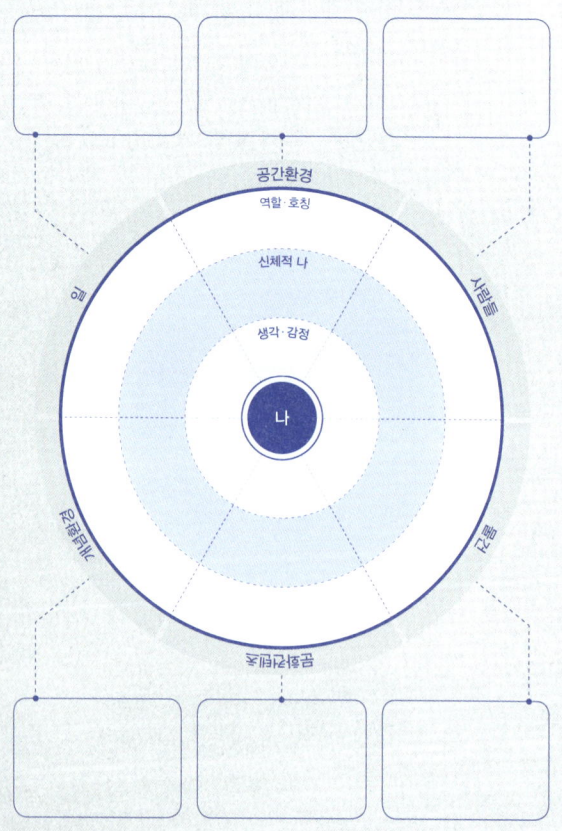

PART. 2　　다양한 관점으로 내 인생 이해하기

SUMMARY

지금까지 관점 넓히기를 해보았습니다. 느낀 점을 자유롭게 적거나 그려보세요.

○ CHAPTER. 2

관점 바꾸기 :
상대의 관점에서 상황을 이해하기

우리는 세상의 중심이 '나'라고 인지하며 나의 안과 밖을 구분하여 외부의 존재들을 대상화하며 살아갑니다. 나와 관계 맺는 대상을 수용하고 이해하려면 상대의 관점에서 상황을 바라보는 것이 큰 도움이 됩니다. 하나의 사건에 대해 나의 입장을 넘어 다른 사람의 입장, 공간의 입장, 사물의 입장, 컨텐츠의 입장, 개념의 입장으로 사건을 재구성해보면 어떨까요? 나를 중심에 둔 사고를 벗어나는 것만으로도 그동안 나를 힘들게 했거나 특정 대상에 집착했던 나의 태도에서 조금은 자유로워질지도 모릅니다.

Q 01
다른 사람과의 관계에서 어려움을 겪었던 사건을 써보세요.

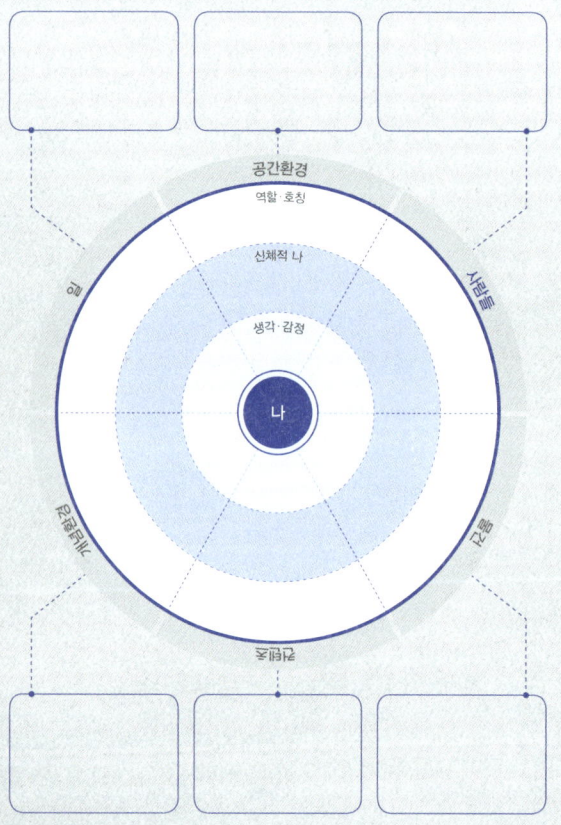

| PART. 2 | 다양한 관점으로 내 인생 이해하기 | 243 |

언제

기억·사건

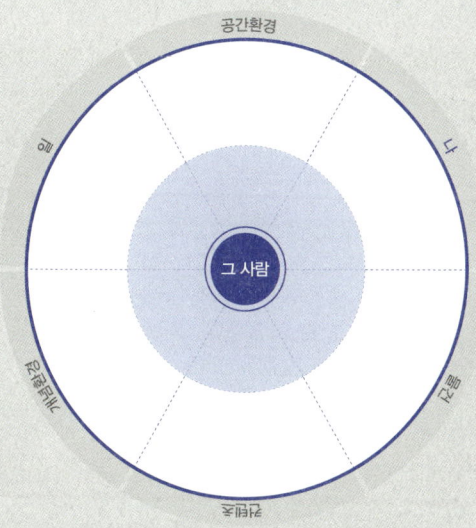

Page1 – 나를 중심으로 그 기억과 관련된 6트랙을 가급적 상세히 써보세요.
Page2 – 상대를 중심으로 그 사건과 관련된 6트랙을 가급적 상세히 써보세요.

Q 02

나에게 가장 소중한 사람과의 중요한 사건을 떠올려보세요.

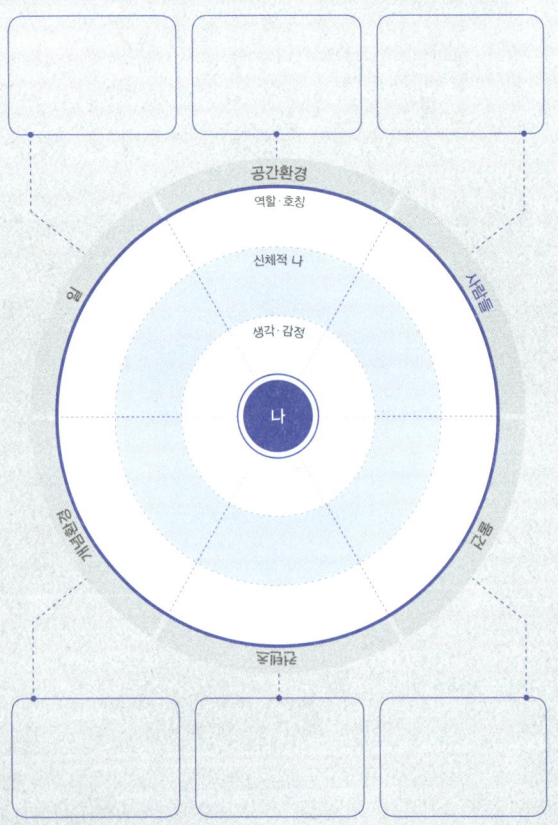

PART. 2 　　다양한 관점으로 내 인생 이해하기

언제

기억·사건

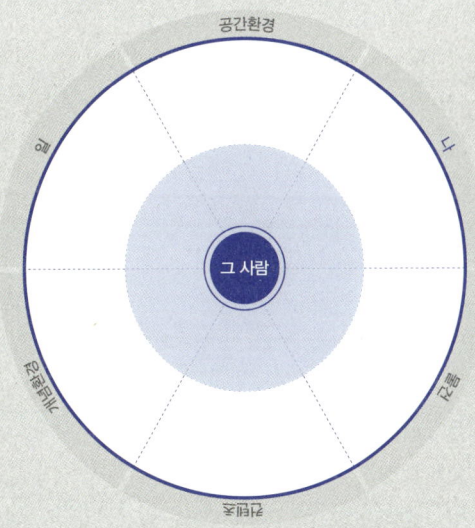

Page1 – 나를 중심으로 그 기억과 관련된 6트랙을 가급적 상세히 써보세요.
Page2 – 상대를 중심으로 그 사건과 관련된 6트랙을 가급적 상세히 써보세요.

Q 03   나에게 현재 가장 중요한 일과 관련된 사건을 써보세요.

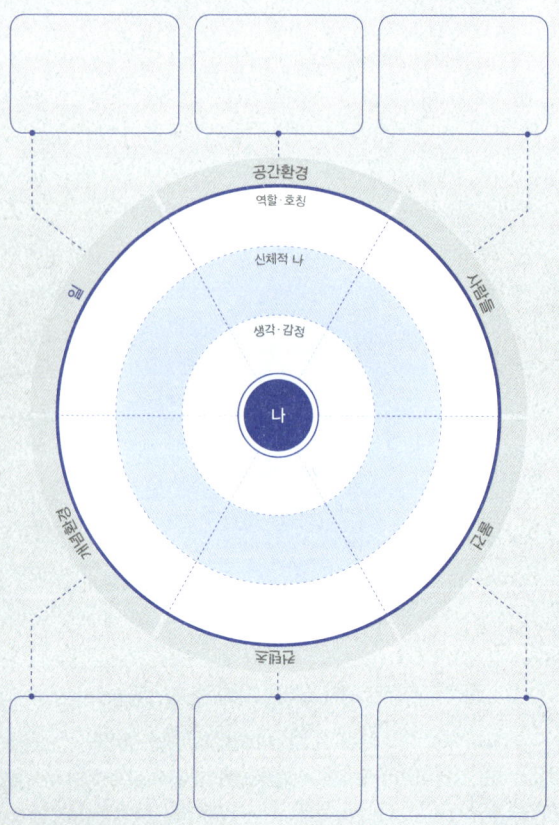

PART. 2　　　다양한 관점으로 내 인생 이해하기　　　247

언제

기억·사건

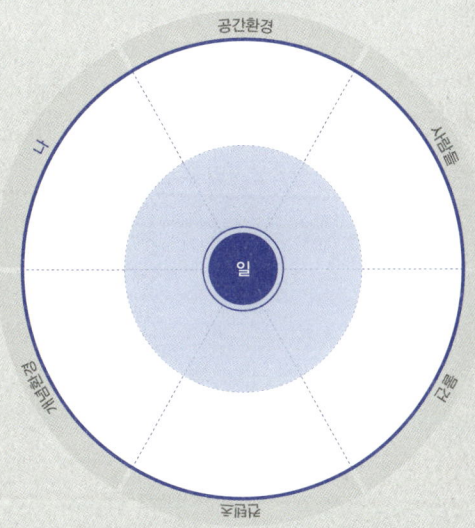

Page1 – 나를 중심으로 그 기억과 관련된 6트랙을 가급적 상세히 써보세요.
Page2 – 그 일의 관점에서 6트랙을 가급적 상세히 써보세요.

Q 04 나에게 중요한 공간에서의 사건을 써보세요.

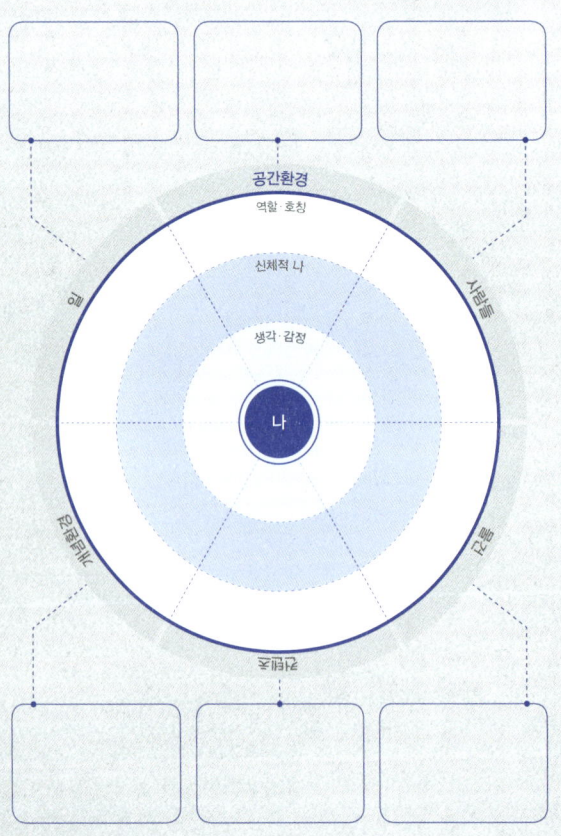

언제

기억·사건

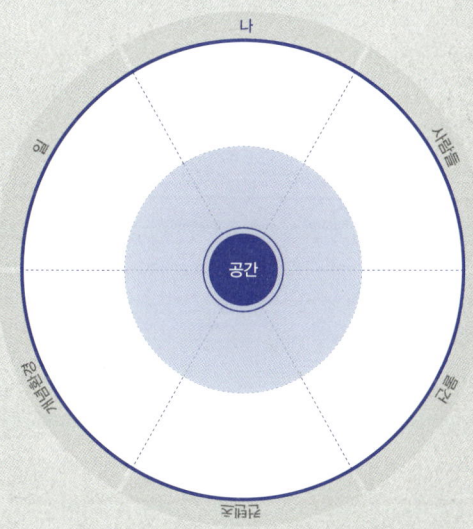

Page1 — 나를 중심으로 그 공간과 관련된 기억을 가급적 상세히 써보세요.
Page2 — 같은 기억을 그 공간 중심에서 가급적 상세히 써보세요.

Q 05
나에게 중요한 물건과 관련된 기억을 적어보세요.

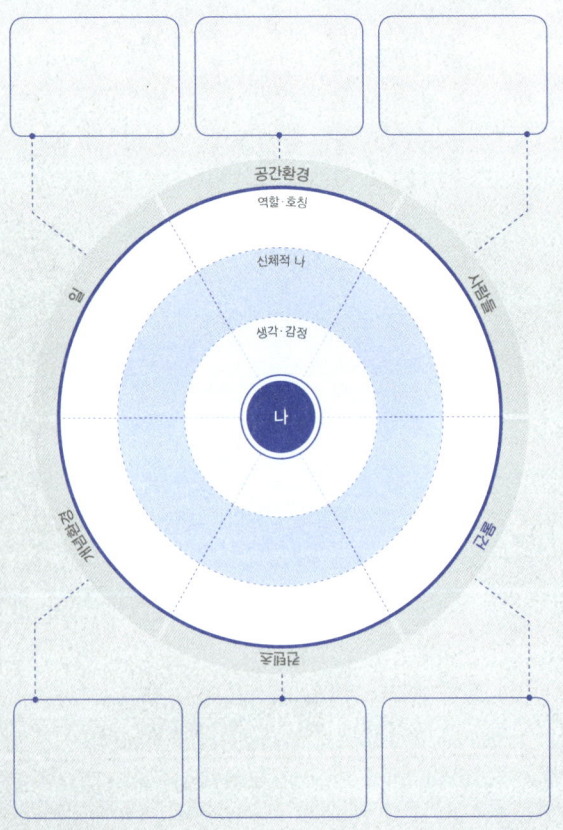

| PART. 2 | 다양한 관점으로 내 인생 이해하기 | 251 |

언제

기억·사건

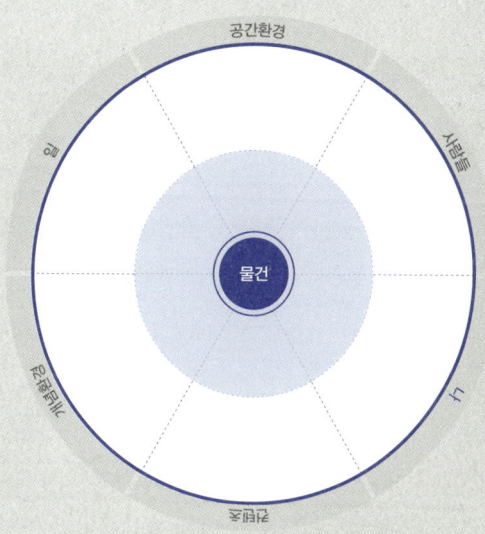

Page1 – 나를 중심으로 그것과 관련된 기억을 가급적 상세히 써보세요.
Page2 – 같은 기억을 그것 중심에서 가급적 상세히 써보세요.

Q 06 나에게 중요한 문화 컨텐츠와 관련된 기억을 적어보세요.

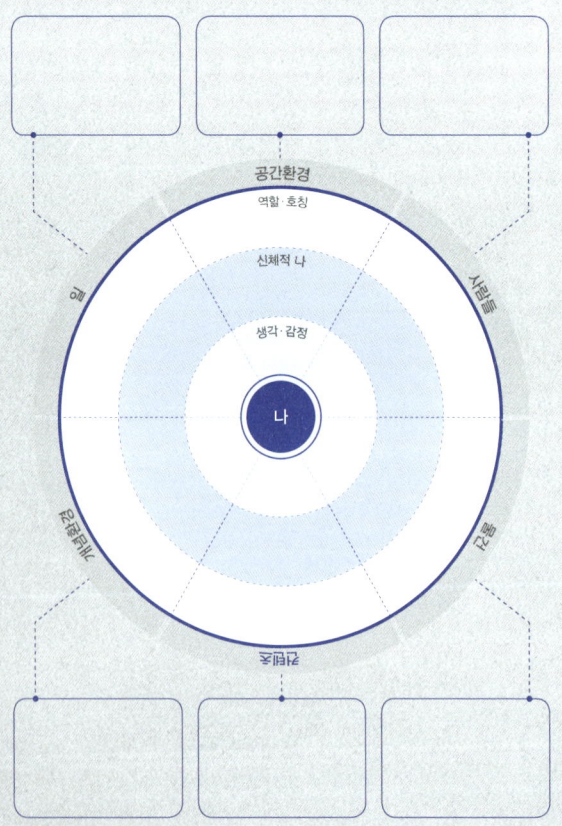

언제

기억·사건

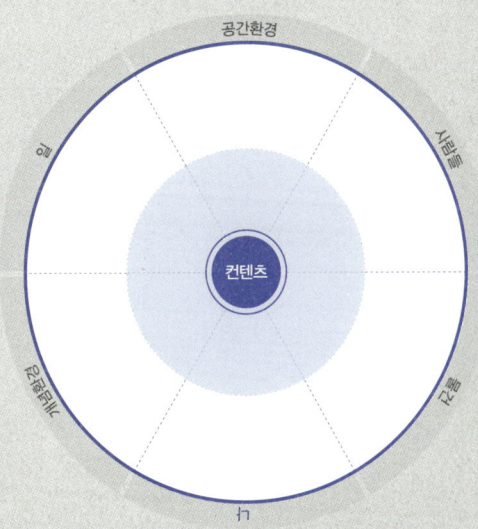

Page1 - 나를 중심으로 그것과 관련된 기억을 가급적 상세히 써보세요.
Page2 - 같은 기억을 그것 중심에서 가급적 상세히 써보세요.

Q 07

나에게 중요한 개념이나 관념, 믿음과 관련된 기억을 써보세요.

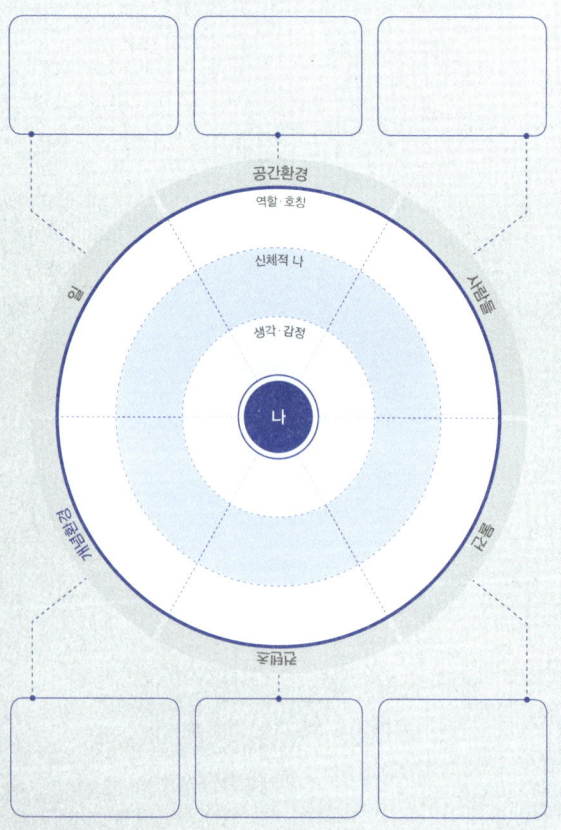

| PART. 2 | 다양한 관점으로 내 인생 이해하기 | 255 |

언제

기억·사건

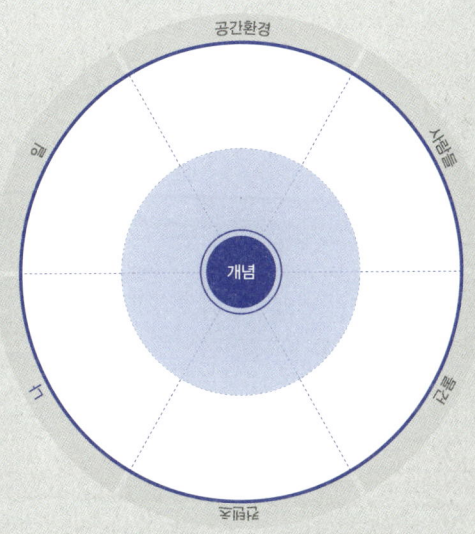

Page1 – 나를 중심으로 그것과 관련된 기억을 가급적 상세히 써보세요.
Page2 – 같은 기억을 그것 중심으로 가급적 상세히 써보세요.

CHANGE POSITION NOTION
나 중심의 입장과 상대 중심의 입장은 어떻게 달랐나요?

PART. 2 다양한 관점으로 내 인생 이해하기

나를 더 잘 이해하기 위한 인생조망법
내 인생 한눈에 보기

살다 보면 개별적 사건에 몰입해 특정 생각이나 감정에 빠지게 되는 경우가 많은데, 이럴 때 관점을 높이고 정보를 추상화하여 사건의 맥락을 이해하면 마음이 한결 여유로워집니다. 관점을 높여 삶을 바라보는 방법으로서 내 인생 전체의 정보들을 '한눈'에 볼 수 있는 라이프미트릭스 Life ME:TRIX 라는 툴킷을 만들었습니다.

시간의 흐름을 따라 6트랙으로 구성된 라이프미트릭스는, 나의 탄생부터 현재까지의 삶을 트랙별로 어떤 상황과 조건이 형성되고 있는지 살펴봄으로써 내 삶의 반복되는 패턴들을 살펴보는 데 유용합니다. 한 장의 종이 위에서 공정한 관찰자이자 주시자로서 시선을 바꾼 채 내 삶 전체를 조망하는 경험을 꼭 해보세요.

Life ME:TRIX Toolkit

가로축은 6개의 메인트랙과 16개의 세부트랙으로 구성되어 있습니다. 세로축 한 칸은 1년을 나타내며, 한 장에 30년의 삶을 정리할 수 있습니다(각 장 A1 Size 841X594mm).

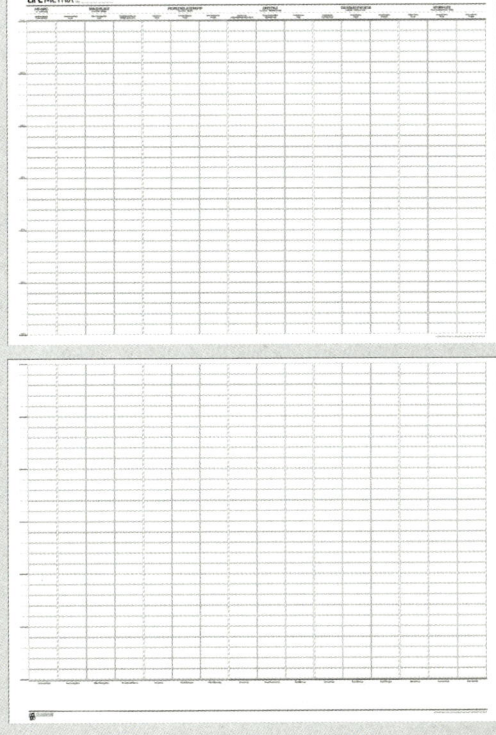

나를 정의하다

PART. 3

사람마다 생김새가 모두 다르듯 학습되거나 삶의 경험을 통해 형성된 개념들도 모두 다릅니다. 미래의 모습을 바꾸고 싶다면 내가 살아가고 싶은 모습과 원칙을 정의내리는 작업이 필요합니다. 이런 정의는 내 삶을 경영하는 하나의 지침으로 작용합니다. 내가 진짜 원하는 삶이 무엇인지를 나만의 구체적인 맥락에 맞추어 정의내리다 보면, 문제가 생겼을 때 나의 맥락 안에서 그 원인과 이유를 정확히 파악할 수 있게 됩니다. 3부에서는 내가 원하는 삶 안에서 가장 나다운 선택과 대응이 가능하도록 나와 나만의 개념들에 대해 (재)정의해봅니다.

CHAPTER. 1
나를 알기 위한 기본 전제

우리가 가지고 있는 대부분의 정의는 부모님이나 학교, 미디어 등 외부에서 주입된 것들이 많습니다. 멘토나 자기계발서를 통해 습득한 인생의 방법론이 자주 어긋나는 것은, 그들의 방식이 '나'의 맥락이 아닌 그들의 맥락과 개념을 거쳐 나온 것이기 때문입니다. 내가 하는 행동이나 사용하는 용어, 개념들을 원래 있던 당연한 것으로 여기지 않고, 나를 둘러싸고 있는 맥락에 대해 하나하나 정의내리는 습관을 들이다보면 어느 순간 나의 존재 이유를 좀 더 자명하게 말할 수 있습니다.

Q 01 나에게 지구는 어떤 의미인가요?

PART. 3 | 나를 정의하다

Q 02 지구에게 인간은 어떤 의미라고 생각하나요?

Q 03 나에게 직업은 어떤 의미인가요?

PART. 3	나를 정의하다

Q 04 나에게 성공은 어떤 의미인가요?

Q 05 나에게 행복한 삶이란 어떤 의미인가요?

Q 06 나에게 가치 있는 삶은 어떤 의미인가요?

Q 07 나에게 시간은 무엇인가요?

| PART. 3 | 나를 정의하다 | 271 |

Q 08   지구에서의 삶이란 어떤 의미인가요?

Q 09 내 인생의 존재 이유는 무엇일까요?

PART. 3	나를 정의하다

Q 10 어떤 것이든 좋습니다.
나만의 정의를 내려보세요.

단어	나만의 정의

○ CHAPTER. 2

나는 누구인가

지금까지 질문에 대답을 채워보면서 '나'라는 존재가 6트랙의 상황 조합에 따라 다양한 특성과 캐릭터로 발현되고 개념화됨을 알게 되었습니다. 이제 그것들을 종합적으로 정리해보면서 나의 특성과 캐릭터를 결정하는 타고난 기질적 특성에 대해서도 함께 생각해보세요.

Q 01

여러 가지 사건을 통해 깨닫게 된 나는 얼마나 다양한 모습인가요? 그 모습들을 상세히 적어보세요.

Q 02

상황에 따라 다르게 나타나는 다양한 내 모습 속에서도 일관된 나의 기질적 특성이나 성향들은 무엇인가요?

Q 03 내 안에 있는 나의 다양한 모습을 도표에 적어보세요.

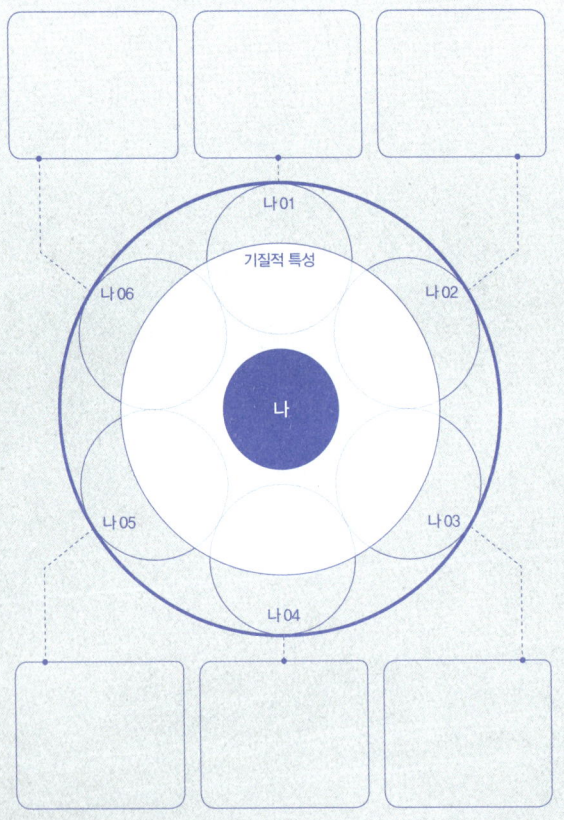

Q 04 '나'를 인지하게 된 시점은 언제인가요? 그 이전의 나는 어떻게 살고 있었나요?

어떻게 살 것인가

이제 마지막 단계입니다. 앞으로 어떤 삶을 살고 싶은지, 그러한 미래를 위해 어떻게 해야 하는지를 살펴볼 차례입니다.
4부에서는 내가 원하는 것이 어떤 맥락과 이유에서 비롯된 것인지를 정확히 인지하고, 현실화를 위해서 내가 써야 하는 시간과 에너지에 대한 계획을 세운 후 매일 조금이라도 실행해봄으로써, 답답함 혹은 두려움을 벗어날 수 있는 기회를 가져보세요. 그러다 보면 내가 원한다고 믿었던 일들이 진짜 내가 원했던 것이 아님을 몸으로 깨닫게 될 수도 있습니다. 당장은 큰 의미가 없어 보이는 시간이라도 매일 아주 조금씩 계획하고 실행해보세요.

O CHAPTER. 1

나는 어떤 사람이 되고 싶은가

당신이 바라는 미래의 모습은 무엇인가요? 과거에서 현재까지의 내 인생에 대한 이해와 정의가 끝났다면 내가 바라는 이상적인 나와 나를 둘러싼 것들을 그려보면서 나의 존재를 충만하게 해줄 비전을 발견해보세요. 이상적인 내 미래의 모습을 6트랙에 맞추어 마음껏 상상해보세요.

Q01 지금의 삶 이대로 괜찮은가요?

| PART. 4 | 어떻게 살 것인가 | 285 |

Q 02 지금 내 삶에서 불만족스럽거나 개선하고 싶은 점은 무엇인가요?

나의 정보
Me-info

공간환경
Space

사람들
People

물건과 컨텐츠
Lifestyle

개념환경
Issue & Keyword

일
Work

Q 03　내가 바라는 이상적인 공간환경은 어떤 모습인가요?

내가 사는 공간

내가 일하는 공간

내게 소중한 공간

**내가 사는
도시·지구**

기타 공간

Q 04 내가 바라는 이상적인 인간관계는 어떤 모습인가요?

가족

친구·동료

중요한 사람들

자주 보는 사람들

기타

Q 05 내가 바라는 이상적인 삶에서, 갖고 싶은 직업이나 하고 싶은 일은 무엇인가요?

직업, 경제활동

개인적인 작업·취미

사회활동

기타

| PART. 4 | 어떻게 살 것인가 | 289 |

Q 06 나의 이상적인 라이프스타일을 그림으로 그리거나 구체적으로 적어보세요.

Q 07   내가 바라는 이상적인 삶을 위해 필요한 개념 환경의 변화는 무엇인가요?

신념체계

사회제도

사회통념

학습된 고정관념

기타

PART. 4	어떻게 살 것인가

Q 08 내가 바라는 이상적인 삶에서의 나는 어떤 모습인가요?

신체적 나

내가 가진 것

사회적 역할·이름

사람들의 평가

기타

Q 09   내가 원하는 이상적인 내적 상태는 어떤가요?

내적·감정 상태

성격특성

생각·개념

영적인 상태

기타

| PART. 4 | 어떻게 살 것인가 | 293 |

Q 10 내가 바라는 이상적인 삶을 6트랙 다이어그램에 정리해보세요.

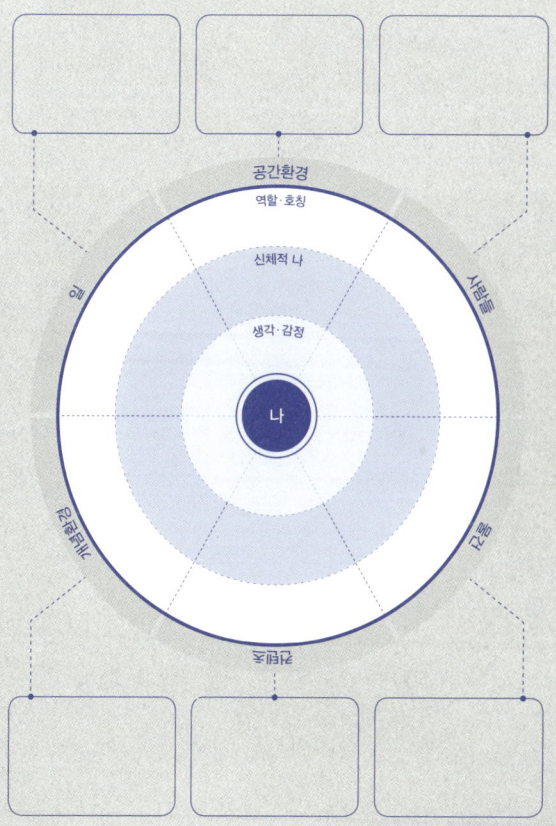

O CHAPTER. 2

현재의 내 삶을 점검하다

지금의 나는 실제로 어떻게 살아가고 있을까요? 6트랙별로 활동목록을 모두 작성해보고, 얼마나 자주 그 활동을 하는 데 시간과 에너지를 할애하는지 정리해보세요. 현재의 시간 사용목록으로 추정할 수 있는 나의 미래와 내가 상상하는 이상적인 미래가 어느 정도 다른지도 함께 확인해볼 수 있습니다.

Q 01

현재 내가 하고 있는 활동을 나의 정보 트랙에 모두 적어보세요.

나의 정보 Me-info

현재 하고 있는 행동·활동	지속시간·빈도	활동구분
		생산적 ☐ 소비적 ☐
		생산적 ☐ 소비적 ☐
		생산적 ☐ 소비적 ☐
		생산적 ☐ 소비적 ☐
		생산적 ☐ 소비적 ☐
		생산적 ☐ 소비적 ☐
		생산적 ☐ 소비적 ☐
		생산적 ☐ 소비적 ☐
		생산적 ☐ 소비적 ☐
		생산적 ☐ 소비적 ☐
		생산적 ☐ 소비적 ☐
		생산적 ☐ 소비적 ☐
		생산적 ☐ 소비적 ☐
		생산적 ☐ 소비적 ☐

Q 02

현재 내가 하고 있는 활동을 공간환경 트랙에 모두 적어보세요.

공간환경 Space

현재 하고 있는 행동·활동	지속시간·빈도	활동구분
		생산적 ☐ 소비적 ☐
		생산적 ☐ 소비적 ☐
		생산적 ☐ 소비적 ☐
		생산적 ☐ 소비적 ☐
		생산적 ☐ 소비적 ☐
		생산적 ☐ 소비적 ☐
		생산적 ☐ 소비적 ☐
		생산적 ☐ 소비적 ☐
		생산적 ☐ 소비적 ☐
		생산적 ☐ 소비적 ☐
		생산적 ☐ 소비적 ☐
		생산적 ☐ 소비적 ☐
		생산적 ☐ 소비적 ☐
		생산적 ☐ 소비적 ☐

Q 03

현재 내가 하고 있는 활동을 사람들 트랙에 모두 적어보세요.

사람들 People

현재 하고 있는 행동·활동	지속시간·빈도	활동구분
		생산적 ☐ 소비적 ☐
		생산적 ☐ 소비적 ☐
		생산적 ☐ 소비적 ☐
		생산적 ☐ 소비적 ☐
		생산적 ☐ 소비적 ☐
		생산적 ☐ 소비적 ☐
		생산적 ☐ 소비적 ☐
		생산적 ☐ 소비적 ☐
		생산적 ☐ 소비적 ☐
		생산적 ☐ 소비적 ☐
		생산적 ☐ 소비적 ☐
		생산적 ☐ 소비적 ☐
		생산적 ☐ 소비적 ☐
		생산적 ☐ 소비적 ☐

PART. 4 | 어떻게 살 것인가

Q 04
현재 내가 하고 있는 활동을 물건과 컨텐츠 트랙에 모두 적어보세요.

물건과 컨텐츠 Lifestyle

현재 하고 있는 행동·활동	지속시간·빈도	활동구분
		생산적 ☐ 소비적 ☐
		생산적 ☐ 소비적 ☐
		생산적 ☐ 소비적 ☐
		생산적 ☐ 소비적 ☐
		생산적 ☐ 소비적 ☐
		생산적 ☐ 소비적 ☐
		생산적 ☐ 소비적 ☐
		생산적 ☐ 소비적 ☐
		생산적 ☐ 소비적 ☐
		생산적 ☐ 소비적 ☐
		생산적 ☐ 소비적 ☐
		생산적 ☐ 소비적 ☐
		생산적 ☐ 소비적 ☐
		생산적 ☐ 소비적 ☐

Q 05 현재 내가 하고 있는 활동을 개념환경 트랙에 모두 적어보세요.

개념환경 Issue & Keyword

현재 하고 있는 행동·활동	지속시간·빈도	활동구분
		생산적 ☐ 소비적 ☐
		생산적 ☐ 소비적 ☐
		생산적 ☐ 소비적 ☐
		생산적 ☐ 소비적 ☐
		생산적 ☐ 소비적 ☐
		생산적 ☐ 소비적 ☐
		생산적 ☐ 소비적 ☐
		생산적 ☐ 소비적 ☐
		생산적 ☐ 소비적 ☐
		생산적 ☐ 소비적 ☐
		생산적 ☐ 소비적 ☐
		생산적 ☐ 소비적 ☐
		생산적 ☐ 소비적 ☐
		생산적 ☐ 소비적 ☐

Q 06 현재 내가 하고 있는 활동을 일 트랙에 모두 적어보세요.

일 Work		
현재 하고 있는 행동·활동	지속시간·빈도	활동구분
		생산적 ☐ 소비적 ☐
		생산적 ☐ 소비적 ☐
		생산적 ☐ 소비적 ☐
		생산적 ☐ 소비적 ☐
		생산적 ☐ 소비적 ☐
		생산적 ☐ 소비적 ☐
		생산적 ☐ 소비적 ☐
		생산적 ☐ 소비적 ☐
		생산적 ☐ 소비적 ☐
		생산적 ☐ 소비적 ☐
		생산적 ☐ 소비적 ☐
		생산적 ☐ 소비적 ☐
		생산적 ☐ 소비적 ☐
		생산적 ☐ 소비적 ☐

Q 07 주간 시간표에 현재 규칙적으로 하고 있는 활동을 적어보세요.

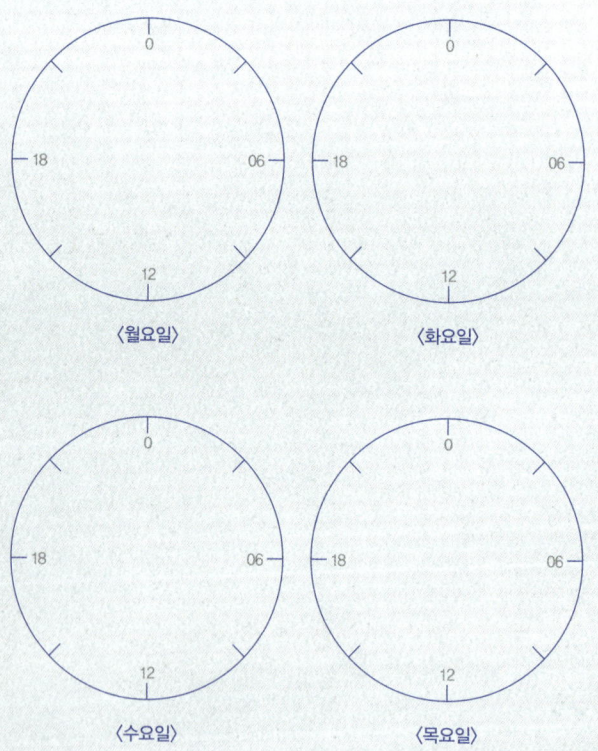

| PART. 4 | 어떻게 살 것인가 | 303 |

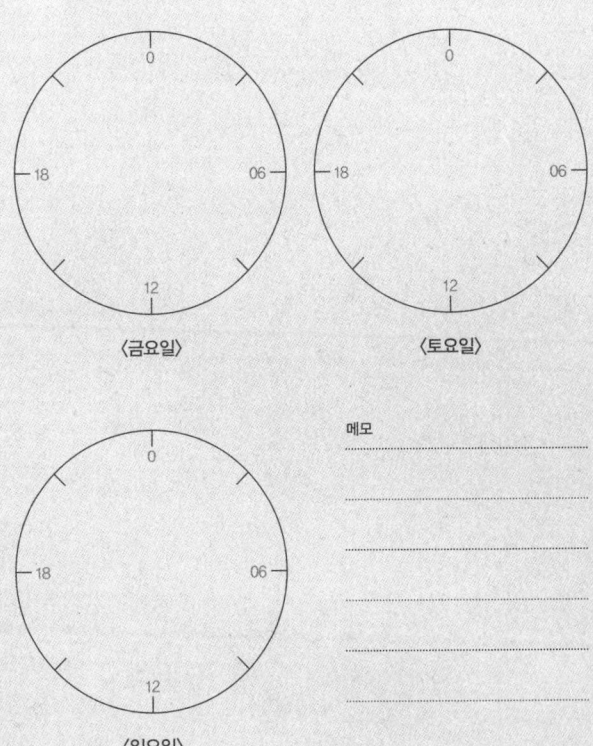

〈금요일〉 〈토요일〉

〈일요일〉

메모

Q 08

현재 나는 어떤 트랙에 가장 많은 자원^{Resource}을 사용하고 있나요? 그 이유는 무엇인가요?

PART. 4	어떻게 살 것인가

Q 09

실행하고 있다고 착각한 일이 있나요? 생각과는 달리 시간을 쓰지 못하는 이유는 무엇인가요?

○ CHAPTER. 3

내 삶의 변화를 위한 전략

삶의 전략은 내가 원하는 내 삶의 구체적인 모습에 대한 우선순위를 결정하고 시간에 따라 목표를 설정하는 과정입니다. 전략적으로 삶을 경영하는 데 있어서 중요한 포인트는 나의 한계를 명확히 인지하고 기간별 목표에 맞춰 자원을 효과적으로 사용함으로써 지금 집중해야 할 것과 어느 정도 포기 혹은 미뤄둬야 하는 것들을 스스로 결정하는 것입니다. 효과적인 삶의 전략수립을 통해 하고 싶은 일과 할 수 있는 일, 실제 하고 있는 일들 사이에 발생하는 격차를 점점 줄여나가면서 주체적인 삶의 경영에 한발 더 가까워질 수 있습니다.

Q 01
내가 바라는 삶의 존재이유와 그에 따른 목표들을 자유롭게 적어보세요.

PART. 4	어떻게 살 것인가

Q 02 인생 미션과 비전을 구체적으로 적어보세요.

앞서 작성한 미션과 비전을 나를 위한 것과 세상을 위한 것으로 구분하여 6트랙에 따라 적어보세요.

나를 위한 미션과 비전

나의 정보
Me-info

공간환경
Space

사람들
People

물건과 컨텐츠
Lifestyle

개념환경
Issue & Keyword

일
Work

내 주변과 사회·세상을 위한 미션과 비전

나의 정보
Me-info

공간환경
Space

사람들
People

물건과 컨텐츠
Lifestyle

개념환경
Issue & Keyword

일
Work

* 미션은 존재의 근본 목적으로 상위 개념이며, 비전은 미션을 위해 구체적으로 달성하고 싶은 미래의 모습이나 목표입니다. 그 목표를 달성하기 위한 구체적 방법을 전략이라고 합니다.

Q 03 공간환경전략
SPACE

미션&비전	현재	단기목표	5년	중기목표	10년	장기목표
내가 사는 공간						
내가 일하는 공간						
내가 자주 찾는 공간						
중요한 공간						

PART. 4   어떻게 살 것인가   311

Q 04   인간관계전략
PEOPLE

미션&비전	현재	단기목표	5년	중기목표	10년	장기목표
가족						
친구·동료						
자주 보는 사람들						
중요한 사람들						

Q 05   소비전략(물건)
LIFESTYLE

미션&비전

| | 현재 — 단기목표 — 5년 — 중기목표 — 10년 — 장기목표 |

- 필요한 것
- 버려야 할 것
- 바꿔야 할 것
- 간직해야 할 것

| PART. 4 | 어떻게 살 것인가 | 313 |

Q 06 소비전략(컨텐츠)
LIFESTYLE

미션&비전

현재 — 단기목표 — 5년 — 중기목표 — 10년 — 장기목표

- 새로운 컨텐츠
- 버려야 할 컨텐츠
- 바꿔야 할 컨텐츠
- 소중한 컨텐츠

Q 07 개념환경전략
ISSUE & KEYWORD

미션&비전

현재 | 단기목표 | 5년 | 중기목표 | 10년 | 장기목표

지켜야 할 신념

바꿔야 할 고정관념

배워야 할 것

사회 시스템의 변화

Q 08 업무전략
WORK

미션&비전 | 현재 — 단기목표 — 5년 — 중기목표 — 10년 — 장기목표

- 일
- 개인 작업
- 취미활동
- 사회활동

Q 09 자원운영전략
RESOURCES

미션&비전

	현재	단기목표	5년	중기목표	10년	장기목표

- 시간
- 돈
- 노력
- 네트워크
- 기타 자원

| PART. 4 | 어떻게 살 것인가 | 317 |

Q 10 미션과 비전을 위해 살아가는 데 있어서 장애 요인들은 무엇인가요?

Q 11

내 삶의 운영과 변화를 위해 사용할 수 있는 현재의 자원들을 모두 적어보세요.

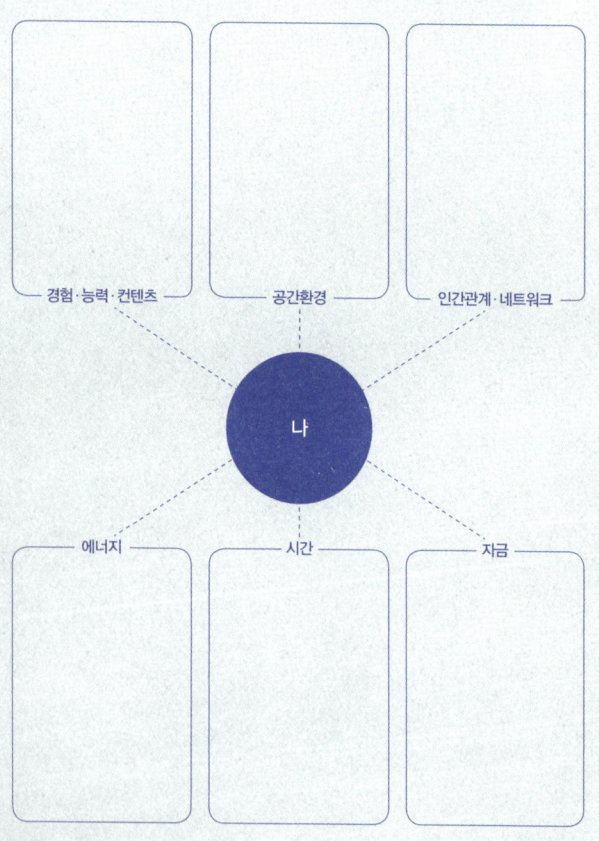

PART. 4 　어떻게 살 것인가

Q 12
원하는 삶으로 변화하기 위해서 포기할 수 있는 현재의 자원과 라이프스타일은 무엇인가요? 자유롭게 적어보세요.

CHAPTER. 4
액션플랜 구체화하기

나에게 남아 있는 미래의 시간이 얼마만큼인지는 누구도 알 수가 없습니다. 다만, '지금'이라는 시간은 인생의 변화를 만들어낼 수 있는 기회이자 모두에게 공평하게 제공된 한정 자원입니다. 이제 '지금'이라는 자원을 가지고 앞서 작성한 트랙별 전략목표에 따라 구체적으로 실천할 활동의 목록과 기대하는 결과물을 구체적으로 적어볼 차례입니다. 아무리 많더라도 일단 다 적어본 후에 하루에 실천 가능한 최소의 시간을 배분해보세요. 아주 작은 시간이라도 하고 싶은 것들을 조금씩 계획하고 실행해나가다 보면 내가 진짜 원하는 일과 잘하고 싶어 하는 것이 서서히 드러나게 될 것입니다.

A 01

전략목표별
TO-DO LIST

전략적 목표를 위해 꾸준히 실천할 활동목록을 실행시간, 구체적인 결과와 함께 적어보세요.

전략목표	행위	시간·예상결과물
나의 정보 단기 Me-info		
나의 정보 중기 Me-info		
나의 정보 장기 Me-info		
공간환경 단기 Space		
공간환경 중기 Space		
공간환경 장기 Space		

PART. 4	어떻게 살 것인가

A 02 전략목표별
TO-DO LIST

전략적 목표를 위해 꾸준히 실천할 액션리스트를 실행시간, 구체적인 결과와 함께 적어보세요.

전략목표	행위	시간·예상결과물
사람들 단기 People		
사람들 중기 People		
사람들 장기 People		
물건과 컨텐츠 단기 Lifestyle		
물건과 컨텐츠 중기 Lifestyle		
물건과 컨텐츠 장기 Lifestyle		

A 03

전략목표별
TO-DO LIST

전략적 목표를 위해 꾸준히 실천할 활동목록을 실행시간, 구체적인 결과와 함께 적어보세요.

전략목표	행위	시간·예상결과물
개념환경 단기 Issue & Keyword		
개념환경 중기 Issue & Keyword		
개념환경 장기 Issue & Keyword		
일 단기 Work		
일 중기 Work		
일 장기 Work		

PART. 4 | 어떻게 살 것인가 | 325

A 04

나만의 전략목표
TO-DO LIST

전략적 목표를 위해 꾸준히 실천할 액션리스트를 실행시간, 구체적인 결과와 함께 적어보세요.

전략목표	행위	시간·예상결과물

A 05

일간 타임테이블
TIME TABLE

작성된 액션리스트를 꾸준히 실행할 수 있는 시간대에 배치하여 타임테이블을 만들어보세요.

평일 오전 시간	활동	평일 오후 시간	활동
00:00~00:30		00:00~00:30	
00:30~01:00		00:30~01:00	
01:00~01:30		01:00~01:30	
01:30~02:00		01:30~02:00	
02:00~02:30		02:00~02:30	
02:30~03:00		02:30~03:00	
03:00~03:30		03:00~03:30	
03:30~04:00		03:30~04:00	
04:00~04:30		04:00~04:30	
04:30~05:00		04:30~05:00	
05:00~05:30		05:00~05:30	
05:30~06:00		05:30~06:00	
06:00~06:30		06:00~06:30	
06:30~07:00		06:30~07:00	
07:00~07:30		07:00~07:30	
07:30~08:00		07:30~08:00	
08:00~08:30		08:00~08:30	
08:30~09:00		08:30~09:00	
09:00~09:30		09:00~09:30	
09:30~10:00		09:30~10:00	
10:00~10:30		10:00~10:30	
10:30~11:00		10:30~11:00	
11:00~11:30		11:00~11:30	
11:00~12:00		11:00~12:00	

PART. 4 어떻게 살 것인가

주말 오전 시간	활동	주말 오후 시간	활동
00:00~00:30		00:00~00:30	
00:30~01:00		00:30~01:00	
01:00~01:30		01:00~01:30	
01:30~02:00		01:30~02:00	
02:00~02:30		02:00~02:30	
02:30~03:00		02:30~03:00	
03:00~03:30		03:00~03:30	
03:30~04:00		03:30~04:00	
04:00~04:30		04:00~04:30	
04:30~05:00		04:30~05:00	
05:00~05:30		05:00~05:30	
05:30~06:00		05:30~06:00	
06:00~06:30		06:00~06:30	
06:30~07:00		06:30~07:00	
07:00~07:30		07:00~07:30	
07:30~08:00		07:30~08:00	
08:00~08:30		08:00~08:30	
08:30~09:00		08:30~09:00	
09:00~09:30		09:00~09:30	
09:30~10:00		09:30~10:00	
10:00~10:30		10:00~10:30	
10:30~11:00		10:30~11:00	
11:00~11:30		11:00~11:30	
11:00~12:00		11:00~12:00	

A 06 주간 타임테이블
TIME TABLE

요일별 원형 타임테이블에 액션리스트를 시각화하여 주간 단위의 시간 패턴을 만들어보세요.

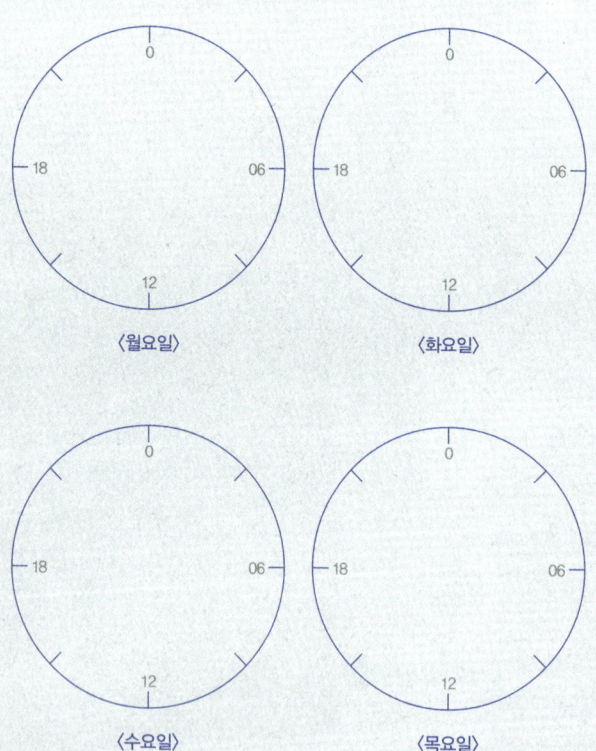

PART. 4 어떻게 살 것인가

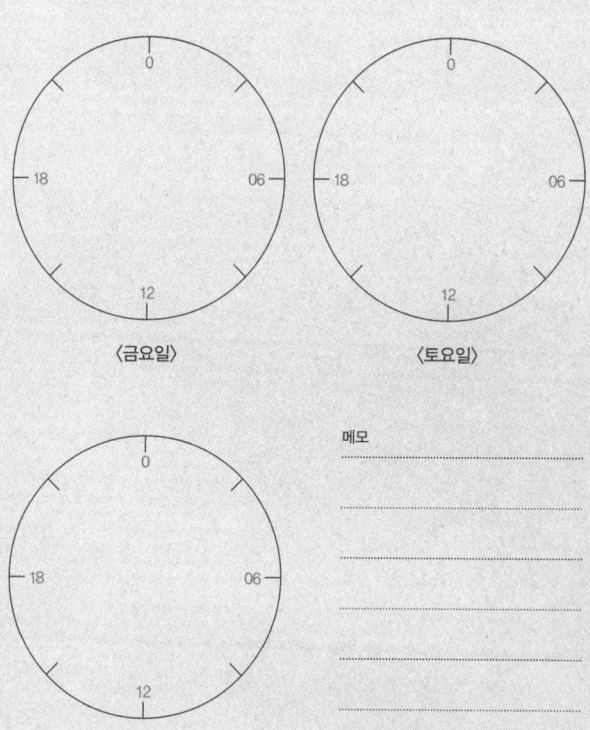

〈금요일〉   〈토요일〉

〈일요일〉

메모

○ CHAPTER. 5
실행 가능성 점검

해야 한다와 하고 싶다, 그리고 하고 있다는 것은 전혀 다른 일입니다. 삶을 있는 그대로 돌아보고, 다양한 관점으로 나와 나를 둘러싼 존재와 맥락을 이해하고, 그것을 통해 자명한 삶의 원칙과 정의들을 스스로 설정해보고, 그 정의에 따른 비전과 목표, 액션플랜을 만들어 실천해나가는 삶의 경영은 생이 다하는 순간까지 반복되는 과정입니다. 그 과정들을 통해 목표를 달성할 수도 있겠지만 목표달성이 곧 성공적인 삶을 의미하는 것은 아니겠지요. 인생은 목표지점을 향해 직진하는 한 가지 길은 분명 아닐 겁니다. 나로서 존재하고 살아가는 인생경영 여행을 떠나기 전 스스로를 점검하기 위한 셀프 체크리스트를 준비했습니다.

체크리스트
CHECKLIST

1단계 실행하기 전 점검사항   Check

1 인생질문으로 스스로를 잘 이해하게 되었나요?   ☐

2 나에 대한 이해를 바탕으로 나만의 정의들을 세워보았나요?   ☐

3 나만의 정의를 기반으로 미래의 내 모습을 잘 설정했나요?   ☐

4 미래의 삶을 위한 단기·중기·장기의 전략적 목표를 잘 설정했나요?   ☐

5 목표를 꾸준히 실천할 수 있도록 구체적인 활동과 시간계획이 이루어졌나요?   ☐

2단계 구체적 가능성에 대한 점검

1 목표를 위해 내가 투자할 수 있는 시간은?

　1-1 미래를 위해 현재 투자할 수 있는 여유시간은 얼마나 되나요?

　1-2 여유시간이 없다면 지금 하고 있는 활동 중 그만둘 수 있는 것이 있나요?

　1-3 얼마나 자주, 꾸준히 시간을 투자할 수 있나요?

2 목표를 위해 필요한 공간은?

2-1 나만의 공간이 별도로 필요한가요?

필요하다 ☐ 필요하지 않다 ☐

2-2 나만의 공간에서 무엇을 할 계획인가요?

2-3 필요한 공간은 어떻게 마련할 수 있나요?

3 도움을 받거나 협력할 사람은?

3-1 현재의 목표는 혼자서 이룰 수 있나요? 함께 만들어야 하는 일인가요?

3-2 힘을 모아야 한다면 어떤 사람들과 어떤 관계를 맺고 싶은가요?

3-3 그 관계 속에서 나는 어떤 역할을 해야 하나요?

체크리스트
CHECKLIST

4 라이프스타일의 변화는?

4-1 바꾸고 싶은 라이프스타일은 무엇인가요?

....

....

4-2 바꾸고 싶지 않은 라이프스타일은 무엇인가요?

....

....

5 나의 관심·생각·관념은?

5-1 바꾸고 싶은 고정관념은 무엇인가요?

....

....

5-2 지켜나가야 할 신념은 무엇인가요?

....

....

6 목표를 위한 경제적 투자는?

6-1 현재 가지고 있는 여유자금은 얼마나 되나요?

....

....

PART. 4 어떻게 살 것인가

6-2 나의 미래를 위해 현재 투자할 수 있는 최대 금액은 얼마인가요?

6-3 투자를 위한 적정 기간과 투자금을 정하셨나요?

메모

나는 계획을 실제로 얼마나 실행했을까?

매 주말이나 매 월말 점검해보세요.

항목	0　　　50　　　100
1	
2	
3	
4	
5	
6	
7	
8	
9	
10	

PART. 4   어떻게 살 것인가   337

내가 세운 계획, 내가 정말 원하는 일일까?
50% 미만으로 실행되고 있다면 그 이유를 찾아보고, 정말 원하는 일인지 고민해보세요.

항목	
1	더 노력한다 ☐ 다시 계획한다 ☐
2	더 노력한다 ☐ 다시 계획한다 ☐
3	더 노력한다 ☐ 다시 계획한다 ☐
4	더 노력한다 ☐ 다시 계획한다 ☐
5	더 노력한다 ☐ 다시 계획한다 ☐
6	더 노력한다 ☐ 다시 계획한다 ☐
7	더 노력한다 ☐ 다시 계획한다 ☐
8	더 노력한다 ☐ 다시 계획한다 ☐
9	더 노력한다 ☐ 다시 계획한다 ☐
10	더 노력한다 ☐ 다시 계획한다 ☐

에필로그

막 태어난 아기에게는 아마도 '나'라는 인식이 없을 것입니다.

무한한 가능성을 가진, 생명력으로 충만한 이 아기는 공간적 환경의 영향 아래 다양한 사람들과 관계 맺으면서 자신이 속한 집단에 걸맞은 개념들을 교육받고, 다양한 이름들로 '나'를 인식하게 되며 조금씩 더 단단하게 '나'를 구축해나갑니다.

나를 포함한 세상의 모든 존재들은 어떠한 원인과 조건에 따라 생겨나기도 하고 사라지기도 합니다.

나를 둘러싼 맥락이 나를 형성하는 원인과 조건이 되듯이 내가 하는 생각과 말, 행동은 또 다른 원인과 조건이 되어 누군가에게 영향을 줍니다. 우리는 절대 오롯이 혼자일 수 없으며, 외부적 존재들과 끊임없이 영향을 주고받는 가운데 그 관계 속에서 '나'를 발현시키고 현실을 매순간 만들고 공유합니다.

지금까지 6트랙의 질문으로 내 삶을 살펴보고, 그 맥락에서 발생한 인생사건들이 내 안에 어떤 기억으로 자리 잡고 있는지, 그리고 다양한 생각과 감정들이 어떻게 만들어지는지 느낌과 생각, 감정과 기억의 총합으로서의 나를 정리해보았습니다.

나를 둘러싼 6트랙의 관계들을 살펴보면, 이 세상은 나와 내가 아닌 것이라는 이분법이 아니라 나를 둘러싼 맥락적 네트워크라는 생각이 분명해집니다.

저는 프로젝트 라이프라는 개념 아래 몇 가지의 인생질문과 도식들을 통해 한 사람의 인생이 6트랙의 존재들과의 관계의 총합임을, 그리고 그 관계에 대한 마음과 태도가 결국 삶에 대한 태도와 같은 것임을 이야기하려 했습니다.

1부에서 내가 살아온 시간들을 '정리&리서치 Research'하고, 2부에서 다양한 관점을 통한 '이해 Understanding'의 폭을 넓히는 과정을 거쳐, 3부에서는 자신만의 '정의 Definition'를 내려보았습니다. 그러한 나만의 정의를 근거로 하여 4부에서는 미래의 '전략 Strategy'을 수립하고 '실행계획 Action Planning'을 짰습니다.

이러한 인생 디자인 씽킹 Life Design Thinking을 통해 나 아닌 다른 누군가의 철학이나 교리, 가르침을 익혀 학습하는 것이 아니라 자신 안에 축적된 삶의 경험으로부터 인생의 본질을 깨달을 수 있다고 생각합니다.

그 과정에서 내가 나와 동일시하는 역할과 호칭에서 잠시 떨어져보기도 하고 내 안에 있는 내 삶의 기억들, 감정들, 생각들을 하나씩 꺼내놓고 그것들을 나를 둘러싼 관계들로 분석해보기도 했습니다.

스스로의 존재에 대해 질문하고, 주변을 맥락적으로 이해하고 새로운 변화 가능성을 탐구하며, 다양한 입장과 대화하며 인식을 확장하는 것, 그리고 그렇게 축적된 지혜를 통해 함께 살아가는 것을 이해하는 것, 즉각적으로 해답이 나오지 않는다 해도 한 걸음 한 걸음 나아가는 이 과정을 즐기는 것. 이것이 제가 보는 프로젝트 라이프, 인생의 모습입니다.

끊임없이 나와 나를 둘러싼 것들을 관찰하고 질문하며 관계 속에서 자신을 표현하는 삶을 고민하다 보면, 자연스레 내 인생의 지표가 되어줄 황금률을 발견하게 될 것입니다.

변화하는 대상, 생각, 감정, 오감의 현상계에서 '나'의 중심을

잡고 맥락을 자명하게 알아차리며 삶을 경영하는 일, 그래서 온전히 나로서 존재하는 것이야말로 이 우주가 나를 위해 존재하는 이유라는 것을 매순간 깨닫는 데 이 책의 인생질문들과 6트랙 도표가 작은 도움이 되셨기를 바랍니다.

아무쪼록 여러 관점에서, 내가 아닌 다른 존재들의 입장으로 생각해보면서 나를 탐구해본 이 책의 과정이 어쩌면 늘 당연하게 생각하던 '나'라는 존재를 새롭게 바라보는 기회가 되셨기를, 그리고 '내 삶은 이것이다' '나는 어떤 사람이다'라고 생각했던 틀을 깨는 계기가 되었기를 바랍니다. 중첩된 현실을 인위적으로 분리시킨 이 책의 6트랙이 다소 억지스럽다 느껴지셨다면 자신만의 6트랙을 만들어보시기도 권해드립니다.

끝으로 이 책의 마지막 질문을 드립니다.

**Q. 이번 삶에서 반드시 해답을 얻고 싶은
나만의 '인생질문'은 무엇인가요?**

감사의 말

이 책의 질문들은 삶의 과정에서 만났던 다양한 사람과 내 주위의 존재들을 통해 떠오르고 소통했던 질문들입니다. 그들과의 관계가 없었다면 나라는 존재가 어떻게 가능했을까요. 삶의 과정에서 잠시라도 영향을 주고받은 모든 인연들에게 한없는 미안함과 감사를 전합니다. 특히 라이프미디어랩에서 함께 삶의 경험을 나누고 서로의 성장을 지켜보며 〈인생도서관 프로젝트〉를 진행하는 소중한 친구들에게 더욱 특별한 감사를 드립니다.